# INTELIGENCIA ARTIFICIAL, ARTIFICIAL, BLOCKCHAIN Y COMPUTACIÓN CUÁNTICA

## DAVID SANDUA

*"Blockchain, Inteligencia Artificial y Computación Cuántica son los cimientos de la cuarta revolución industrial".*

*Economista tecnológico*

# ÍNDICE

# INTRODUCCIÓN

La Inteligencia Artificial (IA), el Blockchain y la informática cuántica son tres tecnologías emergentes que están transformando diversos aspectos de nuestra vida. Esta tecnología tiene el potencial de revolucionar la industria, mejorar la eficiencia y resolver problemas complejos. En la vejez reciente, se ha producido un aumento significativo de la investigación y la evolución en este ámbito, lo que ha dado lugar a numerosos ascensos y descubrimientos. La IA, la cadena de bloques y la informática cuántica están interconectadas en muchos sentidos, y cada ingeniería complementa y posibilita a las demás. Este intento pretende explorar la situación actual y las perspectivas de futuro de estas tecnologías, su impacto en distintos sectores y los retos que plantean. La IA ha sido un tema de interés e investigación durante varias décadas, pero el reciente aumento de la potencia de cálculo y la facilidad de uso de la información han impulsado su evolución a un nuevo nivel. La IA se refiere a la actividad creativa y la ejecución de máquinas inteligentes que pueden imitar los procedimientos cognitivos humanos, como la adquisición, el pensamiento lógico y la resolución de problemas. La adquisición de máquinas, un subcampo de la IA, se centra en el desarrollo de algoritmos que permitan a las máquinas aprender de la información y mejorar su presentación pública sin una programación explícita. Esta ingeniería ha encontrado aplicación en áreas como la atención sanitaria, las finanzas y el sistema de transporte, revolucionando la forma en que se realizan las empresas y permitiendo nuevas posibilidades. La IA tiene el potencial de mejorar la eficiencia, la verdad y la productividad en diversos sectores, lo que se traduce en un ahorro de costes y un aumento de la lucha. Blockchain, por otro lado, es una ingeniería Leger descentralizada y distribuida que permite el intercambio transparente y seguro de activos digitales sin necesidad de mediadores. Fue popularizada inicialmente por criptomonedas como Bitcoin, pero su potencial va mucho más allá de la moneda digital. Las características clave de Blockchain, como la inmutabilidad, la transparencia y la protección, la hacen adecuada para un amplio ámbito de aplicación, como la dirección de concatenación de provisiones, la dirección de registros fonográficos sanitarios y las actas financieras. Al eliminar la demanda de mediadores y proporcionar un registro fonográfico de actas a prueba de manipulaciones, Blockchain puede reducir costes, agilizar el procedimiento y aumentar la confianza entre los participantes. La aceptación de la ingeniería Blockchain no ha dejado de crecer, y numerosas industrias exploran su potencial y desarrollan casos de uso innovadores. La informática cuántica es un campo de batalla que combina principios de la filosofía natural, las matemáticas y la disciplina científica de las máquinas de computación para desarrollar ordenadores potentes que puedan realizar cálculos complejos mucho más rápido que los ordenadores clásicos. A diferencia del ordenador clásico, que utiliza puntos para almacenar y manipular información, el ordenador cuántico utiliza puntos cuánticos, o qubits, que pueden existir en varios estados simultáneamente. Esta pertenencia permite al ordenador cuántico realizar cálculos a una escala exponencial de medida, resolviendo problemas que actualmente son inviables con el sistema informático convencional. La informática cuántica puede revolucionar campos como el criptoanálisis, la optimización, la búsqueda de dosis y la disciplina científica de los materiales. Los ordenadores cuánticos están aún en la fase inicial de su evolución, y es necesario superar muchos retos técnicos antes de que sean comercialmente viables. A pesar de su beneficio potencial, la IA, el Blockchain y la informática cuántica también plantean retos importantes. Las consideraciones éticas, como la suplantación de la ocupación y los corsarios de la información, se originan con la creciente aceptación del sistema de IA. Blockchain se enfrenta a problemas de escalabilidad e interoperabilidad, así como a retos normativos y legales. La computación cuántica se enfrenta a múltiples retos técnicos, como la demanda de rectificación de errores cuánticos, el abandono del estancamiento y la mejora del mecanismo de las condiciones de control. La integración de esta tecnología no es sencilla, ya que el algoritmo de IA puede ser computacionalmente intensivo, mientras que la computación cuántica confía en el delicado uso del estado cuántico, que puede alterarse fácilmente. Para aprovechar plenamente el potencial de la IA, la cadena de bloques y la informática cuántica, se requiere una colaboración interdisciplinar y una investigación continua. En resumen, la IA, la cadena de bloques y la informática cuántica son tecnologías emergentes con potencial para transformar la industria y resolver problemas complejos. Ofrecen nuevas posibilidades y mejoran la eficacia, pero también plantean retos que deben abordarse. La integración de esta tecnología puede conducir a una promoción y aplicación apasionantes que antes eran inimaginables. A medida que avanzan la investigación y la evolución en este campo, es esencial explorar su potencial, abordar los retos informáticos y desarrollar un modelo que garantice su uso responsable y ético. Sólo mediante el intento de colaboración podremos desbloquear plenamente la impotencia transformadora de la IA, el Blockchain y la informática cuántica.

# DEFINICIÓN DE INTELIGENCIA ARTIFICIAL

La IA es una condición utilizada para describir el poder de una máquina o sistema informático para simular un servicio de inteligencia similar al humano. Abarca un conjunto de tecnologías y técnicas cuyo objetivo es capacitar a las máquinas para realizar tareas que normalmente requieren el servicio de la inteligencia humana, como la adquisición, la resolución de problemas, el porcentaje y el pensamiento lógico. El fin de la IA es crear máquinas inteligentes que puedan replicar o mejorar la capacidad humana de toma de decisiones, aprehensión y resolución de problemas. La IA es un campo de batalla muy amplio, con múltiples subcampos, como la simple adquisición de máquinas, el proceso de comunicación lingüística natural, la visión de máquinas de computación, la robótica y el sistema experto, entre otros. La adquisición de la máquina es un componente clave de la IA, ya que permite a la máquina aprender y hacer predicciones o tomar decisiones basándose en una gran suma de información. Esto implica la evolución de algoritmos y modelos que puedan analizar e interpretar la información, darle forma y tomar decisiones o hacer predicciones con una mínima intercesión humana. La adquisición automática puede dividirse en dos tipos principales: adquisición supervisada y adquisición no supervisada. La adquisición supervisada consiste en entrenar a una máquina simple para que reconozca la forma o haga predicciones basándose en información etiquetada, en la que se conoce el producto final deseado. La adquisición no supervisada, en cambio, consiste en entrenar a una máquina simple para que identifique una forma o haga una predicción basándose en información no etiquetada, sin que se conozca el producto final deseado. El proceso de comunicación lingüística natural (procesamiento del lenguaje natural) es otro subcampo importante de la IA, que se centra en capacitar a la máquina para comprender, interpretar y generar comunicación lingüística humana. El procesamiento del lenguaje natural implica la evolución de algoritmos y modelos que puedan procesar, analizar y generar materia textual o dirección de comunicación lingüística natural. Esto permite a la máquina interactuar y comunicarse con el mundo de una forma más natural e intuitiva. El procesamiento del lenguaje natural tiene muchas aplicaciones, como la interpretación interlingüística de la comunicación lingüística, el pensamiento analítico de opiniones, los chatbots, el asistente virtual y el reconocimiento de vocalizaciones. La visión por ordenador es otro subcampo de la IA que pretende capacitar a las máquinas para analizar, interpretar y comprender la información visual. Esto implica desarrollar algoritmos y modelos que puedan procesar y analizar imágenes o vídeos, identificar objetos o formas y extraer información significativa de la información visual. La visión por ordenador tiene numerosas aplicaciones, como el reconocimiento facial, la detección de objetos, el vehículo autónomo y el pensamiento analítico de imágenes mentales médicas. La robótica es otro subcampo de la IA que combina componentes de la tecnología mecánica, la tecnología eléctrica y la disciplina científica de la máquina informática para diseñar, desarrollar y desplegar autómatas. Los autómatas son máquinas autónomas que pueden realizar tareas con una mínima intervención humana. Pueden utilizarse en diversas aplicaciones, como la fabricación, la asistencia sanitaria, la expedición geográfica y la defensa. La IA desempeña una función crucial en la robótica, ya que permite a las máquinas percibir e interpretar su entorno, programar y ejecutar acciones, y aprender de su experiencia. Los sistemas expertos son otro subcampo de la IA que pretende crear sistemas de máquinas informáticas que puedan emular la capacidad de toma de decisiones y resolución de problemas de los expertos humanos en un ámbito específico. Este sistema está diseñado para integrar y aplicar una gran suma de conocimiento y experiencia en orden de magnitud para ayudar al mundo a tomar decisiones complejas o resolver problemas difíciles. Los sistemas expertos pueden utilizarse en un amplio abanico de ámbitos, como la medicina, la jurisprudencia, las finanzas y la tecnología. En la toma de decisiones, la IA engloba un ámbito de tecnología y técnica cuyo objetivo es permitir a la máquina simular un servicio de inteligencia similar al humano. Implica la evolución de algoritmos y modelos que puedan analizar e interpretar información, realizar y producir comunicación lingüística humana, procesar y analizar información visual y emular la capacidad humana de toma de decisiones y resolución de problemas. La IA tiene numerosas aplicaciones y subcampos, como la adquisición de máquinas simples, el proceso de comunicación lingüística natural, la visión de máquinas informáticas, la robótica y el sistema experto. El fin de la IA es crear máquinas inteligentes que puedan replicar o mejorar la capacidad humana de toma de decisiones, aprehensión y resolución de problemas. A medida que la IA siga avanzando, tiene el potencial de revolucionar diversas industrias y transformar la forma en que vivimos y trabajamos.

# DEFINICIÓN DE BLOCKCHAIN

Blockchain es una ingeniería revolucionaria que ha ganado una importante asistencia en la vejez reciente. A menudo se la aclama como un cambio de juego en varios sectores, como las finanzas, la dirección de concatenación de provisiones, la atención sanitaria y otros. En núcleo, Blockchain puede definirse como un Leger descentralizado y distribuido que almacena información en una serie de bloques, que se enlazan entre sí mediante un algoritmo criptográfico. Cada bloque contiene un identificador único, una marca de tiempo y un registro fonográfico de minutos o información. La asociación entre bloques se consigue mediante un toque digital, que garantiza la unidad e inmutabilidad de la información almacenada en la cadena de bloques. Esto significa que una vez que se añade un bloque de ciudad a la Blockchain, no puede alterarse ni manipularse, lo que proporciona un alto grado de protección y confianza. La naturaleza descentralizada de Blockchain elimina la demanda de mediadores, como bancos u otras instituciones financieras, ya que las actas pueden ejecutarse directamente entre las partes implicadas. Esto no sólo reduce los costes, sino que también aumenta la eficacia y la transparencia del procedimiento. Para validar y verificar la información almacenada en la Blockchain, se emplea un mecanismo químico de consenso. Este mecanismo químico garantiza que todos los participantes en la red mantienen la coherencia de la información sin necesidad de una autorización central. Uno de los mecanismos de consenso más comunes es el proof-of-work (prueba de trabajo), que requiere que el participante, conocido como minero, resuelva un complejo problema matemático para añadir un nuevo bloque a la Blockchain. Este procedimiento no sólo asegura la red, sino que también incentiva a los participantes a contribuir con su potencia y recursos informáticos. Otro mecanismo químico de consenso que ha ganado popularidad es el proof-of-stake (polonio), que selecciona al validador de un nuevo bloque de la ciudad en función de su interés o posesión de la criptomoneda asociada a la Blockchain. Como consecuencia, el mecanismo químico del polonio consume mucha menos energía gratuita en comparación con el prisionero de guerra, por lo que es más respetuoso con el medio ambiente. Cabe mencionar que Blockchain no se limita a los minutos financieros o a la aplicación de criptodivisas. Su potencial se amplía a diversas industrias, donde la confianza, la protección y la transparencia son esenciales. Por ejemplo, la dirección de concatenación de suministros podría beneficiarse enormemente de la ingeniería de Blockchain proporcionando un registro fonográfico cristalino e inmutable de cada transacción o transporte de mercancías. Esto permitiría a empresas y consumidores rastrear el origen y la autenticidad de la mercancía, combatiendo así la falsificación y garantizando el origen ético del material. Las organizaciones sanitarias podrían aprovechar Blockchain para almacenar de forma segura los registros de los afectados, garantizando la confidencialidad de la información y permitiendo un diagnóstico más rápido y preciso. La inmensa potencialidad de Blockchain ha provocado el crecimiento de numerosas start-ups, empresas de investigación y especulación que invierten en este campo de batalla. Los desarrolladores y pioneros exploran continuamente nuevos casos de uso y aplicaciones de esta ingeniería para alterar los sistemas y procedimientos tradicionales. Es crucial reconocer el reto y la restricción a los que se enfrenta Blockchain. En primer lugar, la escalabilidad sigue siendo un número persistente, especialmente con las Blockchains públicas. A medida que aumenta el número de minutos y de participantes en la red, también crecen el clip de proceso y el valor monetario, lo que la hace menos práctica para aplicaciones de gran volumen. Esto ha llevado a la evolución de soluciones como los minutos fuera de la cadena, las cadenas laterales y el protocolo de capa dos para abordar el problema de la escalabilidad. En segundo lugar, la interoperabilidad entre diferentes Blockchains es otro conflicto que hay que superar. A medida que la cifra de redes y protocolos Blockchain sigue creciendo, se hace esencial establecer normas y protocolos para la comunicación y el transporte de información sin fisuras entre esta red. El modelo regulador y legal que rodea a la ingeniería Blockchain sigue evolucionando. La naturaleza descentralizada de Blockchain supone un reto único para el gobierno y los organismos reguladores en lo que respecta a la protección de la información, la confirmación de la identidad personal y la aplicación de la Torah. Es esencial encontrar una proporción entre fomentar la invención y garantizar la conformidad y la protección. En decisión, la definición de Blockchain engloba un Leger descentralizado y distribuido, que utiliza algoritmo criptográfico, firma digital y mecanismo de consenso para almacenar y verificar información de modo procurado y transparente. Su aplicación potencial se extiende a diversos sectores industriales, proporcionando una solución a los antiguos retos relacionados con la confianza, la protección y la eficiencia. A pesar de su bombo y platillo y su potencialidad, la cadena de bloques no está exenta de restricciones y retos. La escalabilidad, la interoperabilidad y el modelo normativo son áreas que requieren una investigación y evolución continuas para liberar plenamente el potencial de la ingeniería Blockchain. No obstante, la creciente implicación, inversión y colaboración en este campo de batalla indican que Blockchain está preparada para revolucionar numerosos sectores y dar forma al futuro de nuestro universo digital.

# DEFINICIÓN DE COMPUTACIÓN CUÁNTICA

La informática cuántica es una subdivisión de la disciplina científica de la máquina informática que utiliza el principio del mecanismo cuántico para realizar cálculos complejos a una velocidad y eficacia sin precedentes. A diferencia de los ordenadores
clásicos, que utilizan puntos para almacenar y procesar información, los ordenadores cuánticos emplean puntos cuánticos, o
qubits, que pueden existir en varios estados simultáneamente.
Esta pertenencia inherente de los qubits se conoce como principio de superposición y permite al ordenador cuántico evaluar
muchas soluciones posibles a la vez, lo que acelera enormemente el procedimiento computacional. Para comprender plenamente la potencialidad de la informática cuántica, es crucial
entender la concepción del principio de superposición. A diferencia del punto clásico, que sólo puede representar un 0 o un
1, los qubits pueden representar simultáneamente tanto 0 como
Esto se debe a que los qubits existen en una provincia que es
una combinación de 0 y 1, conocida como provincia del principio
cuántico de superposición. Por ejemplo, un qubit puede existir
en una provincia de principio de superposición que sea 50% 0 y
50% 1, o cualquier otra combinación de probabilidad. Esta pertenencia única permite al ordenador cuántico procesar múltiples
cálculos simultáneamente, aumentando exponencialmente su
potencia de cálculo. Además del principio de superposición, otra
regla fundamental de la informática cuántica es el entrelazamiento. El entrelazamiento es un fenómeno que se produce

cuando dos o más qubits se conectan de tal manera que la provincia de un qubit depende de la provincia de otro, independientemente de la longitud entre ellos. Esto significa que la provincia de un qubit no puede describirse independientemente de su cónyuge enredado, independientemente de que estén en estrecha propincuidad o en el extremo opuesto de la existencia. La concepción de la red es crítica para la informática cuántica, ya que permite la sincronización y la relatividad del núcleo de los qubits, lo que permite ejecutar cálculos complejos que están más allá de la capacidad del ordenador clásico. La aplicación potencial de la informática cuántica abarca múltiples disciplinas, como el criptoanálisis, la optimización, el hallazgo de dosis y el servicio de inteligencia artificial. Uno de los ámbitos más significativos en los que la informática cuántica puede tener un profundo impacto es el criptoanálisis. Con la llegada del ordenador cuántico, la técnica criptoanalítica actual que protege la información sensible puede volverse vulnerable a los ataques. El ordenador cuántico podría descifrar el código de codificación con facilidad, dejando en desuso la forma tradicional de protección de la información. El criptoanálisis cuántico, que utiliza el principio del mecanismo cuántico para garantizar una comunicación segura, puede ofrecer una respuesta a esta tarea. Al aprovechar la propiedad de la red cuántica y el principio de superposición, el criptoanálisis cuántico proporciona una forma de transmitir información de un modo que no puede ser interceptado ni descodificado por un actor malicioso. Otro campo en el que la informática cuántica alberga enormes esperanzas es la optimización. Muchos problemas del mundo real son intrínsecamente complejos y requieren la expedición geográfica de una cifra astronómica de posibilidades. Los ordenadores clásicos tienen dificultades para resolver este tipo de problemas debido a su naturaleza de proceso secuencial, pero los ordenadores cuánticos, con su poder para evaluar múltiples posibilidades simultáneamente, pueden proporcionar potencialmente una solución óptima de forma eficiente. Esto tiene una deducción significativa en campos como la dirección de concatenación de provisiones, la programación y la logística, donde el poder de tomar decisiones óptimas puede mejorar enormemente la eficiencia y la eficacia. Además, la informática cuántica podría revolucionar el campo de batalla del hallazgo de dosis. El procedimiento de desarrollo de nuevos medicamentos es notoriamente largo y costoso, y a menudo implica la calificación de innumerables compuestos químicos para identificar posibles dosis de campaña. Aprovechando la palidez de proceso paralelo del ordenador cuántico, el investigador puede acelerar significativamente el procedimiento de hallazgo simulando el comportamiento de la molécula y prediciendo su propiedad farmacológica. Esto permitiría la designación de prometedoras campañas de dosis en una división del clip y los recursos requeridos por el método clásico. La informática cuántica tiene el potencial de revolucionar el servicio de inteligencia artificial. El algoritmo tradicional de adquisición de máquinas simples requiere una gran suma de potencia computacional para procesar y analizar conjuntos de datos complejos. El ordenador cuántico, con su enorme capacidad de proceso, puede acelerar potencialmente la preparación y ejecución del modelo de adquisición de máquina simple, permitiendo la evolución de un sistema de IA más sofisticado y preciso. Esta integración de la informática cuántica y la IA podría dar lugar a avances en diversos ámbitos, como el reconocimiento de imágenes mentales, el proceso de comunicación lingüística natural y el vehículo autónomo. En decisión, la informática cuántica es un campo de batalla en rápido desarrollo que tiene el potencial de revolucionar diversas industrias y disciplinas científicas. Al aprovechar el principio de superposición y red, el ordenador cuántico ofrece una potencia de cálculo sin parangón que podría permitir avances revolucionarios en criptoanálisis, optimización, búsqueda de dosis y servicio de inteligencia artificial. A medida que avanzan la investigación y la evolución, es crucial explorar la deducción ética, privada y de protección de la informática cuántica, garantizando el uso responsable y beneficioso de esta poderosa ingeniería.

# LA IMPORTANCIA DE ESTAS TECNOLOGÍAS

No se puede exagerar la grandeza de esta tecnología. El servicio de IA, el Blockchain y la computación cuántica tienen el potencial de revolucionar diversas industrias y sectores en un deslizamiento inimaginable. En primer lugar, el servicio de inteligencia artificial ya ha empezado a dar forma a nuestra vida en numerosos deslizamientos, desde asistentes virtuales como Siri y Alexa hasta vehículos autónomos. La IA tiene el poder de agilizar los procedimientos, mejorar la productividad y potenciar la toma de decisiones. Por ejemplo, en el ámbito de la atención sanitaria, el algoritmo de IA puede analizar grandes conjuntos de datos para predecir brotes de enfermedades, identificar la forma en la información del papel afectado y ayudar en el diagnóstico y la intervención de la enfermedad. Esto tiene el potencial de revolucionar la prestación de asistencia sanitaria y mejorar los resultados del papel afectado. Del mismo modo, en la fabricación financiera, el algoritmo impulsado por la IA puede detectar la actividad fraudulenta, predecir la tendencia del mercado y automatizar diversas empresas, aumentando así la eficiencia y reduciendo el coste. La IA también alberga grandes esperanzas en el campo de batalla de la instrucción, donde puede personalizar la experiencia de aprendizaje del alumno, adaptarse a sus necesidades individuales y proporcionar información instantánea. Esto puede conducir a una educación más atractiva y eficaz para alumnos de todas las edades. Además del servicio de inteligencia artificial, la ingeniería de la cadena de bloques (Blockchain) ha recibido una atención significativa en los últimos años. Blockchain, esencialmente un Leger descentralizado, tiene el potencial de revolucionar varias industrias, en particular las que implican actas y almacén de información. Uno de los beneficios clave de Blockchain es su poder para proporcionar transparencia y protección. Al descentralizar el almacén y la confirmación de la información, Blockchain elimina la demanda de mediadores, como bancos o agencias de las autoridades. Esto puede suponer un ahorro de costes, un aumento de la eficacia y una reducción de la posibilidad de impostores. Por ejemplo, en el ámbito financiero, la ingeniería Blockchain puede permitir actas transfronterizas más rápidas, baratas y seguras. También puede aplicarse a la dirección de la concatenación de suministros, donde puede rastrear el movimiento de los bienes y verificar su autenticidad, mitigando así el riesgo de falsificación. Blockchain puede mejorar la protección de la información y los privados, proporcionando a la persona una mayor condición de control sobre su información personal. Esto tiene deducción en varios sectores, incluida la sanidad, donde la información de los roles afectados puede almacenarse de forma segura y sólo las personas autorizadas pueden acceder a ella. La ingeniería Blockchain tiene el potencial de trastocar el modelo de preocupación tradicional y crear nuevas oportunidades de invención. La informática cuántica es un campo de batalla rápidamente emergente que promete mejorar drásticamente la potencia de cálculo y resolver problemas complejos que actualmente están más allá de la capacidad del ordenador clásico. A diferencia de los ordenadores clásicos, que utilizan puntos para almacenar información, los ordenadores cuánticos utilizan puntos cuánticos o qubits, que pueden existir en estado 0 y 1 simultáneamente. Estas pertenencias, conocidas como principio de superposición, permiten al ordenador cuántico realizar cálculos analógicos masivos y resolver problemas mucho más rápido que el ordenador clásico. La informática cuántica tiene potencial para revolucionar campos como el criptoanálisis, la optimización y el hallazgo de dosis. Por ejemplo, el ordenador cuántico puede romper el algoritmo de codificación actual, lo que supone tanto una disputa como una oportunidad para la ciberseguridad. Pueden optimizar operaciones comerciales logísticas complejas, como la preparación de rutas o la asignación de recursos, lo que aumenta la eficacia y el valor monetario del nido. En el campo de batalla del hallazgo de dosis, el ordenador cuántico puede simular el comportamiento de la molécula y acelerar la evolución de nuevos fármacos. Esto puede tener un impacto significativo en la atención sanitaria, al permitir encontrar tratamientos más eficaces para diversas enfermedades. Aunque la informática cuántica se encuentra aún en su fase inicial de evolución, alberga inmensas esperanzas para el futuro. En decisión, no se puede ignorar la grandeza del servicio de inteligencia artificial, el Blockchain y la informática cuántica. Esta tecnología tiene el potencial de revolucionar diversos sectores e industrias, desde la sanidad y las finanzas hasta la instrucción y la ciberseguridad. El servicio de IA puede mejorar la toma de decisiones, aumentar la productividad y personalizar la experiencia de aprendizaje. La ingeniería Blockchain puede proporcionar transparencia, protección y eficiencia en minutos, almacén de información y dirección de concatenación de provisiones. La computación cuántica puede aumentar exponencialmente la potencia de cálculo y resolver problemas complejos que superan la capacidad del ordenador clásico. A medida que esta tecnología siga avanzando, es esencial que las personas, las organizaciones y los gobiernos comprendan su potencial y lo aprovechen eficazmente para impulsar la invención y crear un futuro mejor.

# OBJETIVO DEL ENSAYO

La intención de este intento es explorar la posibilidad y la deducción de la IA, la ingeniería del Blockchain y la informática cuántica. La IA, en sus diversas formas, ya ha empezado a revolucionar numerosas industrias y aspectos de la vida cotidiana. Desde asistentes de vocalización como Siri y Alexa hasta coches autoconducidos y recomendaciones personalizadas en plataformas de streaming, la IA se ha convertido rápidamente en un frente omnipresente. Mediante el pensamiento analítico de la investigación existente y el estudio de casos, este intento pretende ahondar en la posible promoción futura que la IA puede aportar a campos como la atención sanitaria, las finanzas y el sistema de transporte. El intento examinará las consideraciones éticas que rodean el uso de la IA y la importancia de garantizar que esta tecnología se desarrolle y utilice de forma responsable. Este intento pretende ofrecer una visión general de la ingeniería Blockchain y su función en la transformación del sistema tradicional de mantenimiento de registros y confirmación de transacciones. Como ingeniería Leger descentralizada y transparente, Blockchain tiene el potencial de influir enormemente en sectores como las finanzas, la dirección de concatenación de provisiones y el sistema de votación. Mediante el análisis de ejemplos de la vida real y la exploración del reto y la oportunidad que presenta Blockchain, este intento pretende destacar el beneficio potencial de esta ingeniería y su posible aplicación en diversos sectores. Este intento explorará el campo de batalla emergente de la informática cuántica y su potencial para revolucionar la impotencia informática y la capacidad de resolución de problemas. A diferencia de la informática clásica, que se basa en puntos, la informática cuántica utiliza puntos cuánticos, o qubits, que pueden existir en un principio de superposición de estado. Esta pertenencia única permite al ordenador cuántico realizar cálculos y resolver problemas complejos exponencialmente más rápido que el ordenador clásico. Mediante un escrutinio de la investigación y el desarrollo actuales, este intento discutirá la aplicación potencial de la informática cuántica en campos como el criptoanálisis, el hallazgo de dosis y la optimización. La intención de este intento es proporcionar una visión general de la promoción y la posibilidad de la IA, la ingeniería del Blockchain y la informática cuántica. Explorando la investigación existente y los ejemplos de la vida real, este intento pretende arrojar luz visible sobre los beneficios potenciales y los retos que presenta esta tecnología. El intento pretende entablar un debate sobre las consideraciones éticas que rodean el uso de la IA, la impotencia transformadora de la cadena de bloques y el potencial de la informática cuántica para revolucionar la informática tal y como la conocemos. Al examinar estos temas, este intento pretende contribuir a la conversación en torno al futuro de la ingeniería y su deducción para varias industrias y el club como unidad. En decisión, la intención de este intento es proporcionar una visión global de la posibilidad y la deducción del servicio de inteligencia artificial, la ingeniería Blockchain y la informática cuántica. Mediante el examen de la investigación existente y de ejemplos del mundo real, este intento pretende arrojar luz visible sobre los beneficios potenciales y los retos que presenta esta tecnología. El intento pretende entablar un tratamiento sobre la consideración ética que rodea el uso de la IA, la impotencia transformadora del Blockchain y la potencialidad de la informática cuántica para revolucionar la informática tal y como la conocemos. A través de la expedición geográfica de estos temas, este intento contribuye a la conversación en curso sobre el futuro de la ingeniería y su impacto en el club. A pesar de los numerosos ascensos en la disciplina científica y la ingeniería, el universo sigue en el prospecto de una nueva época de invención y transmutación. Tres tecnologías emergentes, el servicio de inteligencia artificial, el Blockchain y la informática cuántica, tienen el potencial de remodelar la industria, revolucionar el procedimiento y redefinir la forma en que vivimos y trabajamos. Estas tecnologías no sólo están interconectadas, sino que se complementan entre sí, creando una sinergia que abre infinitas posibilidades para el futuro. La IA artificial es la simulación informática del servicio de inteligencia humana en máquinas programadas para pensar, aprender y resolver problemas como el mundo. La IA ya ha avanzado mucho en diversos sectores, como la sanidad, las finanzas y el sistema de transportes, pero aún no se ha hecho realidad todo su potencial. Un país en el que la IA ha mostrado inmensas esperanzas es en el campo de batalla de la especialidad médica. En la vejez venidera, un sistema potenciado por la IA puede analizar una suma masiva de información médica y ayudar en el diagnóstico, acelerando el procedimiento y mejorando la verdad. La IA tiene el potencial de mejorar la atención al papel de los afectados, prediciendo la enfermedad e identificando el peligro potencial, lo que permite tomar medidas proactivas. En el ámbito financiero, el algoritmo de IA puede analizar una gran cantidad de información para identificar la forma y la tendencia, permitiendo una dirección más eficaz del peligro y la detección de impostores. Los chatbots potenciados por IA pueden mejorar el servicio religioso al cliente proporcionando ayuda las 24 horas del día, resolviendo dudas e incluso personalizando la experiencia. A medida que la IA siga evolucionando, sin duda transformará la industria y aumentará la productividad por vías antes inimaginables. Otra ingeniería que ha cosechado una atención significativa es Blockchain, una ingeniería de Leger distribuida que proporciona una manera procurada y transparente de transcribir y verificar actas. Popularizada inicialmente por Bitcoin, Blockchain ha trascendido desde entonces su raíz de criptomoneda y ahora se está explorando para numerosas aplicaciones en diversos sectores. Un país en el que Blockchain puede tener un impacto transformador es la dirección de la concatenación de suministros. Utilizando la ingeniería Blockchain, las empresas pueden garantizar la unidad y transparencia de sus planchas de suministro, permitiendo una trazabilidad sin fisuras y la eliminación de impostores o falsificaciones. Blockchain también puede agilizar los engorrosos procesos implicados en las actas de bienes inmuebles, reduciendo el papeleo, minimizando los impostores y agilizando el procedimiento general. Blockchain puede revolucionar la fabricación de la asistencia sanitaria almacenando y compartiendo de forma segura la información de los roles afectados, facilitando la interoperabilidad y mejorando los privatizadores. La descentralización que proporciona la ingeniería Blockchain ofrece un inmenso potencial para democratizar la información y capacitar a las personas. A medida que esta ingeniería madure y se adopte más ampliamente, sin duda perturbará el modelo de empresa tradicional y creará nuevas vías de invención. Una de las tecnologías más esperadas y radicales en el horizonte aparente es la informática cuántica. A diferencia de los ordenadores clásicos, que utilizan puntos para procesar la información como 0 ó 1, los ordenadores cuánticos utilizan puntos cuánticos o qubits, que pueden existir simultáneamente en varios estados. Esta pertenencia única de los qubits permite al ordenador cuántico realizar determinados cálculos exponencialmente más rápido que el ordenador clásico. La informática cuántica tiene un enorme potencial para resolver problemas complejos que actualmente son intratables. Por ejemplo, en el campo de batalla de la búsqueda de dosis, el ordenador cuántico puede analizar rápidamente la enorme cifra de posibles interacciones moleculares y predecir el compuesto más eficaz para desarrollarlo como fármaco potencial. El ordenador cuántico puede revolucionar el criptoanálisis dejando obsoleto el método de codificación actual. El poder del ordenador cuántico para factorizar grandes Números en una división del clip que tarda el ordenador clásico tiene el potencial de perturbar la ciberseguridad y hacer necesaria la evolución de un nuevo algoritmo de codificación. A pesar de su inmenso potencial, la informática cuántica aún está en pañales y deben superarse muchos retos técnicos antes de su aceptación generalizada. Los avances logrados hasta ahora en este campo de batalla son alentadores, y es probable que el impacto de la informática cuántica en diversas industrias sea revolucionario. La convergencia de estas tres tecnologías es lo que hace que esta época de invención sea tan emocionante y prometedora. La IA, el Blockchain y la informática cuántica no son tecnologías independientes, sino complementarias e interconectadas. Por ejemplo, la IA puede mejorar la capacidad de pensamiento analítico de la información de la cadena de bloques extrayendo la penetración y la forma de una vasta suma de información, mientras que la cadena de bloques puede proporcionar la protección y la transparencia necesarias para manejar el producto final sensible generado por la IA. Del mismo modo, la computación cuántica puede acelerar exponencialmente la velocidad a la que el algoritmo de IA procesa la información, permitiendo un rápido ascenso en el sistema impulsado por IA. La combinación de esta tecnología tiene el potencial de desbloquear nuevas fronteras de la invención y marcar el comienzo de una nueva época de alteración transformadora. En decisión, la convergencia del servicio de inteligencia artificial, el Blockchain y la informática cuántica está preparada para remodelar la industria, redefinir el procedimiento y revolucionar la forma en que vivimos y trabajamos. Cada una de estas tecnologías alberga inmensas esperanzas por separado, pero es su interacción y sinergia lo que amplifica su potencial. A medida que esta tecnología siga evolucionando y madurando, es crucial que los responsables políticos, las empresas y el club en general comprendan su deducción, aborden el reto informático y aprovechen su impotencia transformadora para el bienestar de todos. El más allá es incierto, pero una cosa es segura: el punto de intersección de la IA, el Blockchain y la informática cuántica dará forma al universo en que vivimos durante la vejez.

# II. INTELIGENCIA ARTIFICIAL

La IA es un campo de batalla en rápido desarrollo con potencial para revolucionar diversos aspectos de nuestra vida. La IA hace referencia a la evolución de sistemas de máquinas informáticas capaces de realizar tareas que normalmente requieren el servicio de la inteligencia humana, como la adquisición, la resolución de problemas y la toma de decisiones. El campo de batalla de la IA ha experimentado un ascenso significativo en la vejez reciente, gracias a la disponibilidad de grandes cantidades de información y a la creciente impotencia computacional de las máquinas. Uno de los ámbitos clave en los que la IA ha causado un notable impacto es el de la asistencia sanitaria. Los sistemas basados en IA tienen el potencial de agilizar y mejorar diversos procedimientos en la fabricación de productos sanitarios. Por ejemplo, un simple algoritmo de aprendizaje automático puede analizar grandes cantidades de información médica e identificar formas que un médico humano podría pasar por alto. Esto puede ayudar a obtener un diagnóstico más preciso y un plan de intervención personalizado. Un autómata con IA puede ayudar a realizar operaciones quirúrgicas con mayor precisión, reduciendo el riesgo de error humano. Se están utilizando chatbots basados en IA para proporcionar información sanitaria básica al paciente, reduciendo así el estrés del proveedor de asistencia sanitaria. Otro país en el que la IA se está promocionando significativamente es en el reino de los coches autoconducidos. Empresas como Tesla y Google están invirtiendo mucho en el desarrollo de vehículos autónomos que puedan circular por carretera sin intervención humana. Estos vehículos utilizan algoritmos de IA para interpretar la información de varios detectores, como la cámara y el radar, para tomar decisiones en tiempo real. El potencial de los coches autoconducidos es enorme, ya que pueden reducir los accidentes y el exceso de tráfico, además de aumentar la eficacia contra incendios. Aún quedan varios retos por superar antes de que el coche autoconducido se convierta en la corriente dominante. La preocupación por la seguridad, el dilema ético y la cuestión normativa están a la cabeza de este reto. La IA también se está aplicando en el campo de batalla de las finanzas y la inversión. El algoritmo de aprendizaje automático puede analizar una gran cantidad de información financiera y predecir la tendencia del mercado con un alto grado de veracidad. Esto puede ayudar al inversor a tomar decisiones informadas y optimizar su cartera de inversiones. El algoritmo comercial basado en IA puede ejecutar operaciones a una velocidad extremadamente alta, minimizando el coste de las operaciones y aumentando la eficacia. Preocupa la posibilidad de que la IA agrave la imprevisibilidad del mercado y genere riesgos financieros imprevistos. La confianza en el algoritmo y la deficiencia de la intercesión humana pueden provocar consecuencias no deseadas y el uso del mercado. La IA se está utilizando para mejorar la eficiencia y eficacia del servicio religioso al cliente. Muchas empresas están empleando chatbots para gestionar las preguntas de los clientes y proporcionarles ayuda. Estos chatbots utilizan el algoritmo del proceso de comunicación lingüística natural para comprender y responder a las peticiones de los clientes. Pueden ofrecer una respuesta instantánea y están disponibles 24 horas al día, 7 días a la semana, eliminando la necesidad de que el cliente espere a la ayuda humana. Los asistentes virtuales basados en IA, como Siri de Apple o Alexa de Amazon, son cada vez más populares por su capacidad para realizar una amplia gama de tareas, desde establecer recordatorios hasta controlar dispositivos de lugares inteligentes. Preocupa la posible privación de ocupación en el servicio religioso al cliente a medida que más empresas adoptan soluciones basadas en la IA. La IA se está utilizando en el campo de batalla de la instrucción para proporcionar una experiencia de adquisición personalizada y adaptable. El sistema de tutoría inteligente puede analizar la forma de adquisición del alumno y adaptar el mensaje educativo en consecuencia. Esto puede ayudar al alumno a captar conceptos difíciles más fácilmente y a su propio ritmo. El sistema de calificación basado en IA puede automatizar el procedimiento de calificación, reduciendo la carga del profesor y proporcionando una respuesta más rápida al alumno. Preocupan la potencialidad de la IA para sustituir al profesor humano y la deficiencia del servicio de inteligencia emocional en el sistema de IA. En decisión, el servicio de inteligencia artificial tiene potencial para revolucionar varios sectores, desde la sanidad a las finanzas, pasando por el servicio religioso al cliente o la instrucción. La promoción en ingeniería de IA ha abierto nuevas posibilidades para mejorar la eficacia, la verdad y la mecanización. Hay varios retos y preocupaciones que deben abordarse, como el refugio, el motivo ético, la suplantación de la ocupación y la cuestión normativa. Es crucial encontrar una proporción entre aprovechar la potencialidad de la IA y garantizar que se desarrolla y despliega de forma responsable, teniendo en cuenta los intereses del club.

# VISIÓN GENERAL DE LA INTELIGENCIA ARTIFICIAL

Visión general de la IA La inteligencia artificial es una subdivisión de la disciplina científica de las máquinas de computación que se centra en la evolución de sistemas inteligentes capaces de realizar tareas que normalmente requieren el servicio de la inteligencia humana. La concepción de la IA se remonta a la multiplicación antediluviana, con narraciones mitológicas y folclore que a menudo describen máquinas con un servicio de inteligencia similar al humano. El campo de batalla de la IA tal y como lo conocemos hoy en día empezó a tomar forma a mediados del siglo XX. La condición IA fue acuñada por la retreta Mary McCarthy, progenitora masculina de la IA, en 1956. Mary McCarthy, junto con un grupo de investigadores del Dartmouth College, organizó la conferencia del Dartmouth College, que se considera el lugar de nacimiento de la IA. La IA puede clasificarse en dos tipos principales: IA contractual e IA general. La IA estrecha, también conocida como IA débil, se refiere a los sistemas diseñados para realizar tareas específicas y operar en un ámbito limitado. Ejemplos de IA estrecha son los asistentes de vocalización como Siri, los coches autoconducidos y los algoritmos que recomiendan películas o mercancías en función de nuestras preferencias. Estos sistemas se basan en algoritmos sencillos de adquisición automática, que les permiten aprender y mejorar con el tiempo gracias a su vulnerabilidad a una gran cantidad de información. Por otro lado, la IA general, o IA fuerte, se refiere a los sistemas que poseen el poder de comprender, aprender y aplicar la cognición en diferentes ámbitos, de forma similar a los servicios de inteligencia humana. La IA general pretende replicar el conocimiento y la capacidad de razonamiento humanos. A pesar de los importantes avances en el campo de batalla de la IA, conseguir una IA general sigue siendo una gran disputa. Los investigadores trabajan en el desarrollo de algoritmos y arquitecturas que permitan a las máquinas pensar, razonar y resolver problemas de un modo similar al mundo. Los componentes clave de la IA incluyen la simple adquisición de máquinas, el proceso de comunicación lingüística natural (procesamiento del lenguaje natural), la visión de máquinas de computación y la robótica. La adquisición por máquina es un subconjunto de la IA que se centra en el algoritmo y el modelo estadístico que permiten a la máquina aprender de la información y hacer predicciones o tomar decisiones basadas en ella. La disponibilidad de grandes conjuntos de datos y de potentes recursos informáticos ha revolucionado el campo de batalla de la adquisición automática simple, dando lugar a avances en diversas aplicaciones, como el reconocimiento de imágenes mentales y la interpretación interlingüística de la comunicación lingüística. El procesamiento del lenguaje natural, otro componente importante de la IA, se ocupa de la interacción fundamental entre el ordenador y la comunicación lingüística humana. Las técnicas de procesamiento del lenguaje natural permiten al ordenador comprender, interpretar y generar comunicación lingüística humana, lo que posibilita tecnologías como el reconocimiento de direcciones, la interpretación interlingüe de máquinas sencillas y los chatbots. La visión por ordenador, por otro lado, se ocupa de la lectura de información visual por parte de una máquina.

Los algoritmos de la visión computerizada pueden analizar y extraer información significativa de imágenes y vídeos, abriendo posibilidades en áreas como la conducción autónoma, la imaginación médica y la vigilancia. La robótica, último componente de la IA, se ocupa de la evolución y la aplicación práctica de autómatas y máquinas inteligentes. Los autómatas pueden estar equipados con la capacidad de la IA para realizar tareas físicas en diversos entornos. Desde los drones autónomos hasta la automatización industrial, las máquinas con IA se utilizan cada vez más en la industria para automatizar procedimientos, aumentar la productividad y realizar tareas que son demasiado peligrosas o tediosas para el mundo. La integración de la IA y la robótica también está dando lugar a la evolución de autómatas sociales que pueden interactuar con el mundo, proporcionando compañía, ayuda y diversión. Las aplicaciones de la IA son amplias y están en continua expansión, desde la asistencia sanitaria y las finanzas hasta el sistema de transporte y la diversión. En sanidad, la IA se está utilizando para mejorar la verdad diagnóstica, descubrir nuevos fármacos y personalizar el plan de intervención. En finanzas, los algoritmos basados en IA se utilizan para el comercio de alta frecuencia, la detección de impostores y el marcado de reconocimiento. En el sistema de transporte, la IA está impulsando la promoción del coche autoconducido, el sistema de dirección de transacciones y la optimización de la logística. En la industria del entretenimiento, la IA se está utilizando para crear personajes ficticios virtuales realistas, aportar eufonía y arte, y mejorar la experiencia de juego. Junto a los numerosos beneficios de la IA, también existen preocupaciones y consideraciones éticas. Entre ellas se incluyen cuestiones relacionadas con la suplantación de ocupaciones, los corsarios, los algoritmos sesgados y el posible abuso de la tecnología de IA. A medida que la IA sigue avanzando, es importante garantizar que su evolución y despliegue se guíen por principios éticos y normativos para maximizar los beneficios y minimizar los peligros. En decisión, la IA ha recorrido un largo camino desde su origen y ha surgido como una ingeniería transformadora con diversas aplicaciones. Desde la IA estrecha que se especializa en una empresa concreta hasta la persecución de la IA general que replica el servicio de inteligencia humana, el campo de batalla sigue avanzando rápidamente. Los componentes clave de la IA, entre los que se incluyen la adquisición de máquinas simples, el proceso de comunicación lingüística natural, la visión de las máquinas de computación y la robótica, permiten a las máquinas pensar, fundamentarse, darse cuenta e interactuar con el universo de una forma que antes era inimaginable. Aunque la aplicación de la IA encierra grandes esperanzas, es crucial abordar las consideraciones éticas asociadas a su uso para garantizar que se aprovecha de forma responsable para el bienestar del club.

# HISTORIA Y DESARROLLO

El relato y la evolución del servicio de inteligencia artificial, el Blockchain y la computación cuántica han sido moldeados por una serie de ascensos y descubrimientos tecnológicos. El servicio de IA hunde sus raíces a mediados del siglo XX, con la llegada del ordenador y el nacimiento de la disciplina científica cognitiva. En los años cincuenta y sesenta, pioneros como Alan Turing y la higienista Mary McCarthy sentaron las bases del campo de batalla al proponer el pensamiento de una máquina simple que pudiera simular el servicio de inteligencia humana. Estos primeros intentos condujeron a la evolución del plan de máquinas informáticas capaces de realizar tareas que requerían el servicio de la inteligencia humana, como jugar al truco o resolver problemas matemáticos complejos. El campo de batalla del servicio de inteligencia artificial experimentó un avance y una ampliación significativos en la década de 1990 y principios de la de 2000, gracias a la llegada de la gran información y a la promoción del algoritmo de adquisición de máquinas simples. Con el poder de procesar y analizar grandes sumas de información, el ordenador se hizo cada vez más capaz de aprender y tomar decisiones sin una programación humana explícita. Esto condujo a la evolución de la red neuronal artificial y el algoritmo de adquisición profunda, que revolucionaron el campo de batalla y dieron lugar a la aplicación de la IA que vemos hoy en día, como el reconocimiento de vocalizaciones, la categorización de imágenes mentales y el proceso de comunicación lingüística natural. La ingeniería de la cadena de bloques, por otro lado, tiene una historia más reciente, ya que surgió en 2008 con la publicación de una composición blanca por parte de un individuo anónimo o una agrupación de ciudadanos conocida como Satoshi Nakamoto. Esta composición blanca introdujo la concepción de un Leger descentralizado e inmutable, que constituyó la base de lo que hoy conocemos como Blockchain. La primera ejecución de la ingeniería de Blockchain se produjo con el lanzamiento de Bitcoin, una corrección digital que permitía la obtención de minutos transparentes sin la exigencia de una autorización central. Desde entonces, la ingeniería de Blockchain ha evolucionado rápidamente, con la evolución de otras criptomonedas, como Ethereum, y la expedición geográfica de su potencial más allá de las finanzas. Blockchain se utiliza ahora en diversos sectores, como la dirección de concatenación de provisiones, la atención sanitaria y el sistema de votación, para garantizar la transparencia, la protección y la inmutabilidad de la información. La evolución de los contratos inteligentes, que son contratos auto-ejecutables con la base escrita en la codificación, ha ampliado aún más la posibilidad de la ingeniería de Blockchain, permitiendo la mecanización de las actas y reduciendo la demanda de mediadores. La informática cuántica, la más reciente de las tres tecnologías, tiene su raíz en el mecanismo cuántico, una subdivisión de la filosofía natural que estudia el comportamiento del átomo en el grado atómico y subatómico. A principios de los años 80, el físico Richard Feynman propuso la idea de utilizar el sistema cuántico para realizar cálculos de forma más eficiente que el ordenador clásico. Hasta los años noventa no se produjeron avances significativos en la construcción y manipulación de puntos cuánticos, o qubits, el bloque de construcción fundamental del ordenador cuántico. En las últimas décadas, científicos e ingenieros han avanzado mucho en la evolución del ordenador cuántico. Mientras que los primeros ordenadores cuánticos estaban limitados por la cantidad de qubits y su estabilidad, la reciente promoción ha conducido a la actividad creadora de sistemas cuánticos más potentes y estables. Empresas como IBM, Google y Microsoft están trabajando activamente en el desarrollo de ordenadores cuánticos prácticos y explorando su aplicación potencial, que incluye la resolución de problemas complejos de optimización, la simulación de sistemas cuánticos y la mejora de algoritmos sencillos de aprendizaje automático. En decisión, la cuenta y evolución del servicio de inteligencia artificial, Blockchain y computación cuántica han sido impulsadas por una combinación de descubrimiento científico, promoción tecnológica y la demanda de un sistema informático más eficiente y seguro. El servicio de IA ha evolucionado desde sus inicios hasta convertirse en una parte integral de nuestra vida cotidiana, impulsando aplicaciones que van desde el asistente personal al vehículo autónomo. La ingeniería Blockchain, que comenzó con el lanzamiento de Bitcoin, se ha expandido para ofrecer soluciones en diversos sectores, mejorando la transparencia y la protección. La informática cuántica, aunque aún se encuentra en su fase inicial, muestra grandes esperanzas en revolucionar la informática y abordar problemas complejos que están más allá de la capacidad del ordenador clásico. A medida que esta tecnología siga avanzando y convergiendo, su potencial para transformar la industria y el club como unidad es vasto y apasionante.

# APLICACIONES DE LA IA

Las aplicaciones potenciales de la inteligencia artificial son vastas y de gran alcance, con el potencial de revolucionar diversos aspectos de nuestra vida. Un país en el que la IA ha encontrado una aplicación práctica significativa es el campo de batalla de la asistencia sanitaria. Los algoritmos potenciados por la IA tienen la capacidad de analizar grandes cantidades de información sobre el papel de los afectados, lo que permite a los proveedores de asistencia sanitaria realizar diagnósticos más precisos y recomendar intervenciones. La IA también puede ayudar a encontrar la dosis, simulando los efectos personales de varios compuestos y prediciendo su eficacia, acelerando así el procedimiento de evolución. La IA puede utilizarse en el seguimiento del paciente, así como en la evolución de la tecnología de asistencia para personas con discapacidad. Otro ámbito en el que la IA ha irrumpido con fuerza es en la fabricación de sistemas de transporte. El algoritmo de aprendizaje automático se puede utilizar para optimizar el flujo de los tratos, reduciendo así el hacinamiento y mejorando la multiplicación general de los viajes. Los vehículos autónomos, que dependen en gran medida de la IA, tienen el potencial de revolucionar la forma en que viajamos. Este vehículo puede navegar por complejos sistemas de rutas y tomar decisiones en fracciones de segundo, todo ello sin intercesión humana. Esto no sólo tiene el potencial de reducir los accidentes y salvar vidas, sino también de aumentar significativamente la eficacia y disminuir el exceso de tráfico. La IA también ha encontrado aplicación en el ámbito financiero, donde ha mejorado enormemente diversos procedimientos. Por ejemplo, un algoritmo impulsado por IA puede analizar una gran cantidad de información financiera para detectar formas y hacer predicciones. Esto puede ser muy valioso para tomar decisiones de inversión y gestionar el riesgo. La IA también puede utilizarse para detectar actividades fraudulentas y ciberamenazas, supervisando y analizando grandes cantidades de información en tiempo real. Además, la IA puede automatizar tareas repetitivas, como la introducción de información y el procesamiento de documentos escritos, liberando recursos humanos para tareas más complejas y estratégicas. En el campo de batalla de la instrucción, la IA tiene el potencial de mejorar enormemente la adquisición ver. El sistema potenciado por IA puede personalizar el mensaje educativo para atender las necesidades individuales y la forma de aprender del alumno. La plataforma de adquisición adaptativa puede analizar la información sobre la presentación pública del alumno y proporcionar recomendaciones personalizadas para su mejora. La tecnología del mundo virtual y del mundo aumentado, que se basa en la IA, puede crear un entorno de adquisición inmersivo, que permita al alumno adquirir una visión práctica y una comprensión más profunda de conceptos complejos. La aplicación potencial de la IA también se extiende al campo de batalla de la diversión y el juego. Los algoritmos potenciados por la IA pueden analizar una gran cantidad de información sobre las preferencias y el comportamiento de los usuarios, lo que permite a los jefes de contenido personalizar su oferta y mejorar la experiencia del usuario. Los chatbots y los asistentes virtuales, que se basan en la IA, también pueden proporcionar diversión y mejorar la interacción con los usuarios en diversas aplicaciones. En el campo de batalla de la agroindustria, la IA tiene el potencial de revolucionar la práctica agrícola. Un sistema potenciado por la IA puede analizar la información sobre el clima de la tierra, la forma de las condiciones meteorológicas y el rendimiento de la cosecha para optimizar la técnica agrícola y aumentar la productividad. El algoritmo de aprendizaje automático también puede analizar imágenes captadas por drones o satélites para detectar enfermedades o plagas de la cosecha, lo que permite al agricultor actuar a tiempo y minimizar las pérdidas de producción. Un autómata con IA puede realizar tareas como cosechar, cortar y plantar, reduciendo así el coste de la mano de obra y aumentando la eficacia. La IA también tiene potencial para revolucionar el campo de batalla del servicio religioso al cliente. Los chatbots potenciados por IA pueden proporcionar ayuda inmediata al cliente, respondiendo a sus preguntas y ofreciendo soluciones a problemas comunes. El algoritmo de proceso de comunicación lingüística natural permite a los chatbots comprender y responder a la comunicación lingüística humana en modo conversacional. El algoritmo de pensamiento analítico del sentimiento puede analizar los comentarios y opiniones de los clientes en la plataforma de medios sociales, lo que permite a la empresa obtener una penetración valiosa y realizar las mejoras necesarias. En decisión, las aplicaciones potenciales de la IA son amplias y diversas, con potencial para revolucionar varios sectores. Desde la asistencia sanitaria y el sistema de transporte hasta las finanzas, la enseñanza, el ocio, la agroindustria y el servicio religioso al cliente, la IA tiene el potencial de mejorar enormemente el procedimiento y la eficacia general. Aunque existen preocupaciones y consideraciones éticas en torno a la ejecución de la IA, no pueden ignorarse los beneficios que aporta. La investigación y evolución continuas de la IA serán cruciales para aprovechar todo su potencial y garantizar el uso responsable y ético de esta poderosa ingeniería.

# APRENDIZAJE AUTOMÁTICO

La adquisición de máquinas es un componente clave del servicio de inteligencia artificial que ha revolucionado diversas industrias y disciplinas al permitir al ordenador aprender de la información sin una programación explícita. Con el tremendo crecimiento de la información digital en la vejez reciente, el simple algoritmo de aprendizaje automático ha demostrado ser instrumental en el pensamiento analítico y el origen de la penetración valiosa a partir de conjuntos de datos vastos y complejos. Este poderoso instrumento ha encontrado numerosas aplicaciones en diversos campos, como las finanzas, la sanidad, la venta y el sistema de transporte. En finanzas, por ejemplo, se ha aprovechado el algoritmo de aprendizaje automático simple para tomar decisiones comerciales, observar impostores y predecir la tendencia del mercado. Los profesionales sanitarios utilizan algoritmos sencillos de aprendizaje automático para diagnosticar enfermedades, desarrollar planes de intervención personalizados y predecir los resultados de los pacientes. Del mismo modo, los vendedores se están beneficiando de la adquisición automática simple utilizándola para analizar el comportamiento y las preferencias de los clientes, aumentando así su poder para crear campañas políticas publicitarias específicas. El algoritmo de adquisición de máquina simple se está empleando en el sistema de transporte para mejorar la dirección de los tratos, optimizar la trayectoria y desarrollar vehículos autónomos. El procedimiento de adquisición de máquinas simples se puede clasificar en tres grandes tipos: adquisición supervisada, adquisición no supervisada y adquisición asistida. En la adquisición supervisada, la regla algorítmica recibe información etiquetada, consistente en un par de entrada-salida, a partir de la cual aprende a predecir el producto final basándose en la señal de entrada. Este carácter de la adquisición se suele utilizar para tareas como la categorización y el desarrollo detenido. La adquisición no supervisada, por otro lado, trata con información no etiquetada, en la que la regla algorítmica se encarga de encontrar la forma y la estructura dentro de la información sin ninguna etiqueta predefinida. Este carácter de la adquisición es especialmente útil para tareas como la detección de racimos y anomalías. El aprendizaje por refuerzo implica un factor que interactúa con un (entorno), aprendiendo a tomar decisiones en función de recibir un salario o un castigo. Este carácter de adquisición se utiliza en aplicaciones en las que no se conoce explícitamente el esquema óptimo de toma de decisiones, y el factor debe explorar su entorno para determinar el mejor curso de estudio de la actividad. Uno de los retos clave en la adquisición de máquinas simples es el número de sobreajustes, que se produce cuando una cuenta teórica es excesivamente compleja y funciona bien con la información de entrenamiento, pero no consigue generalizarse a la información nueva y no vista. Para mitigar este trabajo, se emplean diversas técnicas, como la regularización y la validación cruzada. La regularización impone un castigo a los complejos de la cuenta teórica para evitar el sobreajuste, mientras que la validación cruzada consiste en dividir la información en múltiples subconjuntos para su preparación y calificación, garantizando que la cuenta teórica funcione bien con la información no vista. La elección de la regla algorítmica adecuada es crucial para lograr una consecuencia óptima. Los distintos algoritmos tienen fuerzas y fallos diferentes, y la selección del adecuado depende de la empresa específica en cuestión, de la información disponible y de los recursos informáticos. Otra disputa importante en la adquisición de máquinas simples es el número de prejuicios y la equidad. El modelo de adquisición automática se entrena con información histórica, que a menudo puede reflejar prejuicios sociales, lo que conduce a una predicción y decisión sesgadas. Por ejemplo, en el procedimiento de contratación, un algoritmo sesgado puede discriminar inadvertidamente a cierto grupo, perpetuando la desigualdad en la mano de obra. Abordar este número requiere un escrutinio cuidadoso de la información de preparación, tecnología característica para eliminar o mitigar el sesgo, y la evolución de un algoritmo consciente de la imparcialidad que considere explícitamente la restricción de imparcialidad durante la preparación y calificación de la cuenta teórica. A pesar de estos retos, la adquisición mediante máquinas simples sigue avanzando rápidamente, impulsada por el progreso en la potencia computacional, la disponibilidad de grandes conjuntos de datos y el descubrimiento en la técnica algorítmica. La adquisición profunda, un subcampo de la adquisición de máquina simple, ha ganado una atención significativa en la vejez reciente debido a su poder para aprender la representación jerárquica de la información utilizando redes neuronales con múltiples capas. Esto ha permitido logros notables en diversos ámbitos, como la visión de máquinas informáticas, el proceso de comunicación lingüística natural y el reconocimiento del habla. La técnica de adquisición profunda suele requerir una gran cantidad de información etiquetada y recursos informáticos sustanciales, lo que puede suponer un reto en algunas aplicaciones. A medida que el aprendizaje automático simple sigue evolucionando e impregnando diversos aspectos del club, es esencial abordar la deducción ética y el golpe social de esta tecnología. La creciente mecanización facilitada por la adquisición de máquinas simples tiene el potencial de desplazar la ocupación y exacerbar la desigualdad de ingresos. La preocupación por la privacidad también surge debido a la gran cantidad de información personal que se recoge y procesa. Es necesario encontrar una proporción entre la invención y la defensa de los principios éticos para garantizar que se obtienen los beneficios de la adquisición de máquinas simples, al tiempo que se mitigan los posibles peligros. En decisión, la adquisición mecánica simple es un poderoso instrumento que ha transformado numerosas industrias al permitir que el ordenador aprenda de la información sin programación explícita. Su aplicación abarca las finanzas, la sanidad, la venta, el sistema de transporte y muchos otros campos. La adquisición automática puede clasificarse en adquisición supervisada, adquisición no supervisada y adquisición asistida, cada una de las cuales sirve para un fin distinto. Desafíos como el sobreajuste y el sesgo se dan en la adquisición automática simple, lo que requiere técnicas como la regularización y el algoritmo de equidad para mitigarlos. A medida que avanza la ingeniería, la adquisición profunda ha ido ganando atención, pero surgen dudas sobre la disponibilidad de la información etiquetada y los recursos informáticos. También es necesario abordar las consideraciones éticas relativas a la suplantación de ocupaciones, la desigualdad de ingresos y los corsarios, a medida que el aprendizaje automático simple sigue impactando en el club.

# PROCESAMIENTO DEL LENGUAJE NATURAL

El procesamiento del lenguaje natural es un subcampo del servicio de inteligencia artificial que se ocupa de la interacción fundamental entre el ordenador y el mundo a través de la comunicación lingüística natural. Se centra en el desarrollo de algoritmos y técnicas que permitan al ordenador comprender, interpretar y generar comunicación lingüística humana de forma significativa. El procesamiento del lenguaje natural desempeña una función crucial en diversas aplicaciones, como la interpretación interlingüística de máquinas simples, el pensamiento analítico de opiniones, el asistente de vocalización y la recuperación de información, por nombrar algunas. Uno de los principales retos del procesamiento del lenguaje natural es la equivocidad de la comunicación lingüística humana. Las palabras y frases pueden tener múltiples significados según el contexto lingüístico, lo que dificulta que el ordenador comprenda con precisión el contenido pretendido. Para hacer frente a esta controversia, los investigadores en procesamiento del lenguaje natural emplean diversas técnicas, como el pensamiento analítico sintáctico y semántico, el modelo estadístico y el algoritmo de adquisición de máquina simple. Estas técnicas ayudan al ordenador a identificar e interpretar la construcción gramatical de la frase, extraer información significativa y hacer predicciones precisas basadas en el contexto lingüístico. El modelo estadístico desempeña una función vital en muchas empresas de procesamiento del lenguaje natural. Estos modelos se entrenan en grandes conjuntos de datos que contienen ejemplos de comunicación lingüística humana, lo que les permite aprender la forma y la regularidad en el uso de la comunicación lingüística. Analizando el acompañamiento de la letra y la frase, el modelo estadístico puede predecir la probabilidad de una noticia concreta dado su contexto lingüístico. Esto permite al ordenador generar frases con sentido y coherentes que se asemejan a la comunicación lingüística humana. El modelo estadístico puede utilizarse para tareas como la etiqueta de parte de habla, en la que se asigna a cada noticia de una condena una función gramatical específica basada en su contexto lingüístico. Los algoritmos de aprendizaje automático han revolucionado el procesamiento del lenguaje natural al permitir que los ordenadores aprendan automáticamente de la información y mejoren su presentación pública con el paso del tiempo. La adquisición profunda, un subconjunto de la adquisición automática simple, ha mostrado en particular consecuencias notables en la empresa del procesamiento del lenguaje natural. Los modelos de adquisición profunda, como las redes neuronales recurrentes (RNN) y el modelo transformador, pueden procesar secuencias de letras y obtener el control de la forma compuesta en la comunicación lingüística. Estos modelos han logrado una presentación pública de vanguardia en empresas como la interpretación interlingüe de máquina simple, los coevales de comunicación lingüística y el pensamiento analítico de opinión. Otra faceta importante del procesamiento del lenguaje natural es el poder de comprender y generar respuestas similares a las humanas en una conversación. Este campo de batalla, conocido como sistema de diálogo o chatbots, tiene como objetivo crear un plan de máquina informática que pueda entablar una conversación natural con el mundo. Construir un sistema de diálogo eficaz requiere una comprensión profunda de la comunicación lingüística natural y la capacidad de generar respuestas coherentes y adecuadas al contexto. Para conseguirlo, los investigadores en procesamiento del lenguaje natural utilizan técnicas como el molde secuencia a secuencia, la adquisición de soporte y el molde de comunicación lingüística. El procesamiento del lenguaje natural también es fundamental en las empresas de recuperación de información, donde los ordenadores procesan y extraen información relevante de grandes volúmenes de información no estructurada. Esto es especialmente útil en ámbitos como la búsqueda web, donde el objetivo es proporcionar información exacta y relevante al usuario en función de su pregunta. La técnica de procesamiento del lenguaje natural puede utilizarse para analizar el significado y el propósito de la pregunta del usuario, identificar el documento y la página de enredo relevantes, y clasificarlos en función de su relevancia para la pregunta. La aprehensión de la comunicación lingüística natural y la técnica de origen de la información también son cruciales en empresas como la de resumen de textos, cuyo fin es generar un resumen conciso de un texto largo. A pesar de la promoción del procesamiento del lenguaje natural, sigue habiendo retos. Uno de los principales es la falta de información etiquetada para el modelo de preparación. Muchas empresas de procesamiento del lenguaje natural requieren una gran cantidad de información etiquetada, cuya obtención puede resultar costosa y requerir mucho tiempo. El modelo de procesamiento del lenguaje natural a menudo tiene dificultades para comprender el uso matizado de la comunicación lingüística, la expresión del argot y la mención cultural, que varían según la región y la comunidad. Comprender y procesar eficazmente este aspecto de la comunicación lingüística supone un reto constante para los investigadores del procesamiento del lenguaje natural. En la toma de decisiones, el proceso de comunicación lingüística natural desempeña una función vital al permitir que el ordenador comprenda, interprete y genere comunicación lingüística humana de forma significativa. Mediante el uso de diversas técnicas, como el modelo estadístico y el algoritmo de adquisición de máquina simple, el procesamiento del lenguaje natural ha avanzado significativamente en tareas como la interpretación interlingüe de máquina simple, el pensamiento analítico de opiniones, el asistente de vocalización y la recuperación de información. Siguen existiendo retos como la ambigüedad de la comunicación lingüística humana y la falta de información etiquetada, lo que empuja a los investigadores a introducir y mejorar continuamente la capacidad del procesamiento del lenguaje natural. Con una mayor promoción, el proceso de comunicación lingüística natural tiene el potencial de revolucionar el modo en que los ordenadores interactúan con el mundo y la forma en que nos comunicamos con la ingeniería.

# ROBÓTICA

La robótica, que es la subdivisión de la ingeniería centrada en la creación de máquinas inteligentes capaces de realizar tareas de forma autónoma o con una intercesión humana mínima, ha surgido como un campo de batalla fundamental con un inmenso potencial en diversas industrias. La promoción de la robótica ha allanado el camino para la integración de servicios de inteligencia artificial y algoritmos sencillos de adquisición de máquinas, que permiten al autómata aprender y adaptarse a su entorno. Mediante el uso de detectores, actuadores y sistemas de control, los autómatas pueden interactuar con su entorno, ejecutar tareas complejas y tomar decisiones autónomas. Esta palidez ha revolucionado industrias como la fabricación, la sanidad, la agroindustria e incluso la expedición geográfica infinita. En la fabricación, la robótica ha desempeñado una función crucial en el aumento de la productividad y la eficacia. Los sistemas robóticos automatizados pueden realizar tareas repetitivas, físicamente exigentes y peligrosas con precisión y velocidad, minimizando los errores y reduciendo el riesgo de accidente. Esto ha permitido mejorar el calibre de la mercancía, reducir el coste del producto y aumentar la rentabilidad del fabricante. Las armas robóticas equipadas con un sistema de visión avanzado y un algoritmo de servicio de inteligencia artificial pueden percibir y manipular objetos con gran veracidad, lo que les permite manejar intrincadas tareas de fabricación que antes estaban reservadas a los trabajadores humanos. Como consecuencia, el mundo puede centrarse en aspectos más complejos y creativos del producto, mejorando la productividad general. La fabricación de productos sanitarios también ha adoptado la robótica para mejorar la atención y los resultados de las funciones afectadas. Los autómatas quirúrgicos, por ejemplo, han revolucionado los procedimientos mínimamente invasivos al proporcionar al cirujano una mayor destreza manual, precisión y capacidad de imagen visual. Este sistema robótico puede realizar intervenciones quirúrgicas complejas a través de pequeñas incisiones, lo que reduce las lesiones, acorta el corsé de la enfermería y acelera la multiplicación de la convalecencia del paciente. Los autómatas se han desplegado en entornos de recuperación para ayudar a los pacientes con fisioterapia, ayudándoles a recuperar la movilidad y la independencia. Aprovechando la robótica, los proveedores sanitarios pueden mejorar el calibre y la disponibilidad de los tratamientos, especialmente en zonas remotas o desatendidas. El uso de autómatas autónomos en la agricultura puede revolucionar las prácticas agrícolas tradicionales. Por ejemplo, los autómatas pueden desplegarse en la técnica agropecuaria de precisión, donde pueden supervisar de forma autónoma los cultivos, recopilar información sobre el tiempo sucio y optimizar el riego y el procedimiento de fertilización. Esto no sólo mejora la eficacia de las operaciones comerciales agrícolas, sino que también reduce el despilfarro de recursos, minimiza el impacto medioambiental y mejora el rendimiento de las cosechas. El uso de autómatas en las tareas de recolección y clasificación puede aliviar el déficit de mano de obra y garantizar la agregación puntual y precisa de bienes verdes, mejorando así la eficacia general de la concatenación de suministros. La expedición geográfica del infinito exterior es otra frontera en la que ha destacado la robótica. Se han enviado robots errantes y sondas a diversos cuerpos celestes, como el Planeta Rojo, para recoger información e imágenes científicas. Este autómata puede navegar por terrenos difíciles, analizar muestras geológicas y transmitir información valiosa a la Tierra. El poder de explorar y estudiar a distancia planetas y asteroides lejanos mediante la robótica ha proporcionado a los científicos una penetración inestimable en el principio de la existencia y la pasividad de la vida extraterrestre. La coacción humano-robot en la misión infinita es cada vez más importante, ya que el sistema robótico puede ayudar al astronauta a realizar tareas complejas, llevar a cabo experimentos y mitigar los riesgos durante la caminata espacial. Aunque es innegable que los beneficios potenciales de la robótica son enormes, también hay preocupaciones que se originan con su integración en el club. La aceptación generalizada de la robótica podría provocar una ruptura en el mercado laboral, ya que la mecanización sustituiría a determinadas ocupaciones, creando desempleo y desigualdad. Las consideraciones éticas en torno al uso de autómatas en sectores sensibles como la sanidad y el ejército deben abordarse a fondo para garantizar el refugio, la privacidad y el bienestar de las personas. En la toma de decisiones, el campo de batalla de la robótica ha surgido como un potente facilitador, que aúna el servicio de inteligencia artificial, la adquisición de máquinas sencillas y la capacidad de detección avanzada para crear máquinas inteligentes capaces de realizar una amplia gama de tareas. Desde la mejora de la productividad en la fabricación y la mejora de la atención al papel afectado en la atención sanitaria hasta la transformación de la práctica agroindustrial y la exploración del infinito exterior, las aplicaciones de la robótica son amplias y de gran alcance.

Aunque existe preocupación por la deducción social de la mecanización generalizada, la robótica tiene sin duda un inmenso potencial para revolucionar diversas industrias y mejorar el calibre de la vida humana. A medida que la ingeniería sigue avanzando, es crucial que el personal investigador, los responsables políticos y las partes interesadas colaboren en orden de magnitud para aprovechar la impotencia transformadora de la robótica de forma responsable y ética.

# IMPACTO DE LA IA EN LA SOCIEDAD

El golpe de la IA en el club es profundo y de gran alcance. A medida que la tecnología de IA sigue avanzando, tiene el potencial de revolucionar diversos aspectos de nuestra vida cotidiana, desde la asistencia sanitaria al sistema de transporte, pasando por la diversión. Uno de los efectos más significativos de la IA se produce en el campo de batalla de la asistencia sanitaria. Con el poder de procesar y analizar una gran cantidad de información médica, la IA tiene el potencial de mejorar el diagnóstico y la intervención, dando lugar a una asistencia sanitaria más precisa y personalizada. Por ejemplo, un algoritmo de IA puede analizar imágenes médicas, como radiografías y resonancias magnéticas, y detectar anomalías que el médico humano podría pasar por alto. Esto puede conducir a una detección más precoz de la enfermedad y a una intervención potencialmente salvadora. La IA también puede utilizarse para desarrollar un plan de intervención personalizado basado en la composición genética única de una persona y en su historial médico, maximizando la eficacia del tratamiento y minimizando los efectos personales secundarios. Además de la sanidad, la IA también está transformando la fabricación de sistemas de transporte. Los vehículos autónomos, impulsados por la tecnología de IA, tienen el potencial de hacer que nuestras carreteras sean más seguras y eficientes. El algoritmo de IA puede analizar la información en tiempo real del detector y la cámara, lo que permite al coche autónomo navegar por situaciones complejas y tomar decisiones en fracciones de segundo. Esto puede reducir drásticamente el número de accidentes causados por errores humanos y mejorar el flujo de tráfico, salvando vidas y reduciendo el hacinamiento. La IA está revolucionando la fabricación de atracciones. Los algoritmos de IA pueden analizar una gran cantidad de información sobre las preferencias y el comportamiento de los consumidores, lo que permite a las empresas personalizar sus ofertas y ofrecer mensajes más relevantes y atractivos. Esto es evidente en plataformas de streaming como Netflix, que utiliza la IA para recomendar películas y programas de televisión en función de los hábitos de visionado y las preferencias individuales. La IA también puede utilizarse para crear una experiencia más inmersiva y realista del mundo virtual, aumentando el valor económico de diversión del videojuego y el medio interactivo. Aunque el golpe de la IA en el club es indudablemente transformador, no está exento de desafíos y peligros. Una de las principales preocupaciones en torno a la IA es su potencial impacto en el empleo. A medida que las tecnologías de IA se hacen más avanzadas, existe el temor de que sustituyan a los trabajadores humanos en diversas industrias, provocando una privación generalizada de la ocupación y un desequilibrio económico. Esto es especialmente cierto en el caso de las ocupaciones que implican tareas rutinarias y repetitivas, que pueden automatizarse fácilmente mediante algoritmos de IA. Es importante señalar que la IA también tiene el potencial de crear nuevas ocupaciones y oportunidades. A medida que la tecnología de la IA siga evolucionando, habrá una creciente necesidad de profesionales expertos en campos relacionados con la IA, como la simple adquisición de máquinas y el pensamiento analítico de la información. La IA puede aumentar la capacidad humana, permitiendo que las personas se centren en tareas más complejas y creativas que requieren el juicio y la intuición humanos. El impacto de la IA en el empleo será probablemente complejo y matizado, y requerirá una cuidadosa proporción entre mecanización y compromiso humano. Otra preocupación en torno a la IA es su posible impacto sobre los corsarios y la protección. Los algoritmos de IA se basan en una gran cantidad de información para aprender y hacer predicciones, lo que plantea dudas sobre la posesión y el control de la información personal. A medida que se generalicen las tecnologías de IA, será crucial establecer una regulación y unas precauciones sólidas para proteger a los particulares y garantizar el uso responsable de la IA. La IA no es inmune a los prejuicios y favoritismos. Los algoritmos de IA se entrenan con información histórica, que puede reflejar los prejuicios y desigualdades existentes en la sociedad. Si no se diseña y supervisa cuidadosamente, el sistema de IA puede perpetuar y amplificar estos sesgos, dando lugar a resultados injustos y exacerbando la desigualdad social. Abordar estos prejuicios y garantizar el uso ético de la IA será fundamental para minimizar el impacto social negativo de la tecnología de IA. En decisión, el golpe de la IA en el club es amplio y transformador. Desde la asistencia sanitaria hasta el sistema de transporte y la diversión, la tecnología de IA tiene el potencial de revolucionar varios aspectos de nuestra vida cotidiana, mejorando la eficacia, la verdad y la personalización. Este golpe no está exento de desafíos y peligros. La preocupación por el empleo, los corsarios, la protección y la parcialidad debe abordarse cuidadosamente para maximizar el beneficio de la IA y minimizar al mismo tiempo su impacto social negativo. Con una regulación adecuada y consideraciones éticas, la IA tiene el potencial de crear un club más inclusivo y equitativo.

# AUTOMATIZACIÓN DEL TRABAJO

La mecanización de la ocupación es un tema al que se ha prestado mucha atención en los últimos años, ya que los avances en IA, ingeniería de cadenas de bloques y computación cuántica han transformado rápidamente diversas industrias. El concepto de mecanización de la ocupación hace referencia al uso de la ingeniería, en particular la IA, para realizar tareas que antes realizaba el mundo. Aunque la mecanización de la ocupación tiene el potencial de aumentar la productividad y la eficiencia, también suscita preocupación por la suplantación del trabajador humano y la deducción para el futuro de la pieza de trabajo. Uno de los principales impulsores de la mecanización de la ocupación es la IA, que ha avanzado mucho en los últimos años. La IA es la simulación informática del servicio de inteligencia humana en máquinas programadas para pensar y aprender, lo que les permite realizar tareas que tradicionalmente requerían el servicio de inteligencia humana. La tecnología de la IA, como la simple adquisición de máquinas y el proceso de comunicación lingüística natural, ha avanzado significativamente en áreas como el servicio religioso al cliente, el pensamiento analítico de la información e incluso en tareas creativas como la escritura y el diseño. A medida que los sistemas de IA se vuelven más sofisticados y capaces, tienen el potencial de sustituir a los trabajadores humanos en un amplio abanico de industrias. La ingeniería Blockchain es otra ingeniería emergente que se espera que tenga un impacto significativo en la mecanización de la ocupación. Blockchain es un Leger digital descentralizado que registra

67

actas en varios ordenadores, lo que lo convierte en una forma cristalina y segura de almacenar y verificar información. El uso de la ingeniería Blockchain puede agilizar el procedimiento en varias industrias, como la dirección de concatenación de provisiones, las finanzas y la sanidad. Al eliminar la demanda de mediadores y permitir actas procuras y transparentes, Blockchain tiene el potencial de automatizar muchas empresas que antes se hacían a nivel mundial, como la dirección de declaraciones y la confirmación de identidades personales. La informática cuántica es otra promoción tecnológica que tiene el potencial de revolucionar la mecanización de la ocupación. La informática cuántica aprovecha el principio del mecanismo cuántico para realizar cálculos complejos a una velocidad sin precedentes. Esta ingeniería tiene el potencial de resolver problemas que actualmente son intratables para el ordenador clásico y tiene aplicación en diversos campos, como el criptoanálisis, la optimización y el hallazgo de dosis. A medida que la informática cuántica siga avanzando, tiene el potencial de automatizar tareas complejas de cálculo y de pensamiento analítico de la información que antes realizaba el mundo, lo que conducirá a un aumento de la productividad y la eficacia. Aunque la mecanización de la ocupación puede aportar numerosos beneficios, también preocupa su impacto en el mercado laboral. Una de las principales preocupaciones es la suplantación del trabajador humano, ya que las máquinas y los sistemas de IA se encargan de las tareas que tradicionalmente realizaba el mundo laboral. Esta suplantación puede provocar la pérdida de puestos de trabajo y el desempleo, sobre todo para los trabajadores de sectores susceptibles de mecanización, como la fabricación y el servicio religioso al cliente. El ascenso de la mecanización de la ocupación podría aumentar la desigualdad de ingresos, ya que los trabajadores con un menor grado de realización pueden tener dificultades para encontrar empleo en un sistema económico altamente automatizado. La mecanización de la ocupación plantea interrogantes sobre el futuro del trabajo a destajo y la cualificación necesaria en el periodo histórico digital. A medida que las máquinas y los sistemas de IA sean más capaces, es probable que cambien las habilidades necesarias en el mercado laboral. Para prosperar en un sistema económico automatizado, el trabajador necesitará desarrollar habilidades difíciles de automatizar, como la resolución de problemas, el pensamiento crítico y la creatividad. Existe una demanda creciente de que el trabajador tenga una base sólida en los campos raíz (disciplina científica, ingeniería, tecnología y matemáticas), ya que esta habilidad es cada vez más importante en el periodo histórico digital. Para mitigar el posible impacto negativo de la mecanización de la ocupación, se requiere una política proactiva e invertir en instrucción y reciclaje. El gobierno y los responsables políticos deben esforzarse por garantizar que el trabajador tenga acceso a la instrucción y el plan de preparación necesarios para adquirir la destreza necesaria en un sistema económico automatizado. Debería intentarse fomentar la invención y el espíritu empresarial, a medida que surgen nuevas tecnologías e industrias tras la mecanización de la ocupación. Adoptando un ataque proactivo, el club puede aprovechar el potencial de la mecanización de la ocupación minimizando su impacto negativo. En decisión, la mecanización de la ocupación es una tendencia transformadora que está siendo impulsada por la promoción de la IA, la ingeniería Blockchain y la informática cuántica. Aunque la mecanización de la ocupación tiene el potencial de aumentar la productividad y la eficiencia, también suscita preocupación por la suplantación del trabajador humano y el futuro del trabajo a destajo. Para hacer frente a estas preocupaciones, son necesarias una política proactiva y la inversión en formación y reciclaje para garantizar que los trabajadores estén preparados para el reto y la oportunidad de un sistema económico automatizado. De este modo, el club podrá aprovechar la impotencia transformadora de la mecanización de la ocupación, minimizando al mismo tiempo su impacto negativo.

# CONSIDERACIONES ÉTICAS

Las consideraciones éticas desempeñan una función crucial en la evolución y ejecución de la IA, el Blockchain y la informática cuántica. A medida que esta tecnología sigue evolucionando y se integra cada vez más en nuestro club, es esencial considerar la deducción ética que conllevan. Uno de los principales cuidados éticos se origina en el abuso potencial del algoritmo de IA. Los sistemas de IA tienen el poder de extraer grandes cantidades de información y tomar decisiones autónomas, lo que puede tener consecuencias de gran alcance. Por ejemplo, un algoritmo sesgado puede perpetuar el favoritismo y la desigualdad, ya que reproducen y amplifican el sesgo presente en la información con la que han sido entrenados. Para mitigar este peligro, es imperativo que los desarrolladores y los responsables políticos apliquen directrices y normativas estrictas que garanticen que los sistemas de IA son justos, transparentes y responsables. El número de corsarios y de protección de la información surge con la integración de la ingeniería Blockchain. Aunque Blockchain ofrece una plataforma política descentralizada y transparente para el almacenamiento de actas e información, también desafía la impresión tradicional de los corsarios. La inmutabilidad y permanencia del registro Blockchain suscitan preocupación sobre el almacenamiento y uso de información personal y sensible. Las consideraciones éticas deben guiar el diseño y la ejecución del sistema Blockchain para salvaguardar los derechos de las personas al tiempo que se aprovechan sus ventajas. La evolución de la informática cuántica suscita preocupación ética en relación con la ciberseguridad y la protección nacional. El ordenador cuántico tiene el potencial de romper el algoritmo de codificación actual, lo que podría socavar la protección de la información sensible y la subestructura crítica. A medida que avanza la informática cuántica, las consideraciones éticas exigen que se intente reforzar las medidas de ciberseguridad y desarrollar algoritmos de codificación resistentes a la cuántica para garantizar la cobertura protectora de la información. La deducción ética del acceso desigual a esta tecnología no puede ignorarse. La brecha digital, que ya es considerable, podría agravarse aún más con la promoción de la IA, el Blockchain y la informática cuántica. Sin medidas adecuadas para abordar esta disparidad, la comunidad marginada y el estado en desarrollo podrían quedar rezagados, ampliando la desigualdad social y económica. La consideración ética debería impulsar el intento de salvar esta brecha y garantizar una entrada equitativa a esta tecnología. El impacto de la IA y la mecanización en el empleo y la cinética de la fuerza de trabajo plantea importantes consideraciones éticas. A medida que avanza la ingeniería de la IA, existe una preocupación legítima por la suplantación de la ocupación y la posible privación de apoyo. Aunque la IA tiene el potencial de aumentar la eficacia y la productividad, también amenaza a determinados sectores ocupacionales, en particular los que requieren tareas repetitivas y rutinarias. Es crucial que el club prevea y aborde la deducción ética de la mecanización, como el plan de reciclaje y el refugio social en Internet, para apoyar a la mano de obra en la transición a un empleo nuevo y significativo. No puede pasarse por alto la consideración ética del uso ético y responsable de la información. Con el aumento de la confianza en la información para la toma de decisiones, existe la demanda de garantizar que la agregación, el almacenamiento y el uso de la información se adhieren a una estricta norma ética. Esto incluye obtener el consentimiento informado de la persona, proteger la información personal y sensible, y evitar el abuso o maltrato de la información. Las organizaciones y los responsables políticos deben establecer un modelo y una normativa sólidos de administración de la información para defender el uso ético de la información en la época de la IA, la cadena de bloques y la informática cuántica. En la toma de decisiones, las consideraciones éticas son primordiales en la evolución y ejecución de la IA, la cadena de bloques y la informática cuántica. Abordar estas preocupaciones es esencial para garantizar que esta tecnología se utilice de forma responsable y para la mejora del club. Adoptando un ataque proactivo al motivo ético, los responsables políticos, los desarrolladores y los investigadores pueden aprovechar el potencial transformador de esta tecnología, mitigando al mismo tiempo su posible peligro e impacto negativo. Sólo evaluando y reevaluando constantemente la deducción ética, podremos garantizar un futuro en el que la IA, el Blockchain y la computación cuántica contribuyan positivamente a nuestra vida.

# LA IA EN SANIDAD Y MEDICINA

La IA tiene el potencial de revolucionar y transformar la esfera de la atención sanitaria y las especialidades médicas en un deslizamiento sin precedentes. La integración de la tecnología de IA en el sistema sanitario puede mejorar la veracidad y eficacia de la topología, permitir el tratamiento personalizado, mejorar el resultado del papel de los afectados y, en última instancia, salvar vidas. Una de las aplicaciones clave de la IA en la atención sanitaria es la imaginación médica, donde el algoritmo de adquisición profunda puede analizar grandes volúmenes de imágenes médicas y detectar anomalías con mayor veracidad que el radiólogo humano. Por ejemplo, en un estudio realizado por google health y la universidad northwestern en 2020, un esquema de IA demostró una presentación pública superior en la detección de la enfermedad neoplásica maligna del tórax en comparación con el experto humano. Otro ámbito en el que la IA puede suponer un golpe importante es en la determinación y evolución de la dosis. El procedimiento tradicional de búsqueda de dosis es largo, caro y a menudo conlleva una alta tasa de pérdidas. Un algoritmo basado en IA puede analizar una gran cantidad de información, como la información genómica y proteómica, para identificar posibles dianas de dosis y optimizar el diseño de nuevos compuestos. Esto puede agilizar el procedimiento de búsqueda de dosis, acelerar la evolución de una nueva terapia y conducir potencialmente a un tratamiento más eficaz de la enfermedad. Además, la IA también puede contribuir a mejorar la atención al papel afectado mediante el análisis predictivo. Analizando la información del rol afectado, el algoritmo de IA puede identificar la forma y la tendencia que pueden predecir el avance del patrón de la enfermedad o un acontecimiento adverso, lo que permite al proveedor sanitario intervenir pronto y proporcionar la intervención adecuada. Los chatbots y asistentes virtuales impulsados por IA pueden proporcionar refuerzo las 24 horas del día respondiendo a preguntas médicas comunes, ofreciendo consejos médicos básicos y recordando al paciente que debe tomar su medicación. Estas aplicaciones impulsadas por la IA tienen un inmenso potencial para mejorar la disponibilidad de la atención sanitaria y los resultados de los pacientes, especialmente en regiones con una subestructura sanitaria limitada. La aceptación generalizada de la IA en la asistencia sanitaria también plantea problemas éticos y legales que deben abordarse. Por ejemplo, el uso de la IA para tomar decisiones médicas plantea cuestiones sobre la responsabilidad y el deber. ¿Quién debe responder si una regla algorítmica de IA realiza un diagnóstico erróneo o recomienda una intervención equivocada? La falta de transparencia e interpretabilidad de algunos modelos de IA también suscita dudas sobre su fiabilidad y posible sesgo. La agregación y el uso de información sobre el papel de los afectados por parte del sistema de IA suscitan preocupación en materia de privacidad y protección, sobre todo con la creciente edificación de la ciberamenaza. Abordar estos retos requiere la evolución de un modelo regulador sólido y unas directrices éticas que proporcionen invención y refugio al paciente. En la toma de decisiones, la convergencia de IA, Blockchain y computación cuántica encierra un inmenso potencial para transformar diversos sectores, como las finanzas, la dirección de la concatenación de suministros y la atención sanitaria.

La tecnología de IA puede potenciar la toma de decisiones, mejorar la eficiencia operativa y facilitar la actividad creativa del nuevo ecosistema digital. Blockchain puede permitir la obtención de actas transparentes, agilizar los procedimientos y mejorar la confianza y la rendición de cuentas. La computación cuántica puede revolucionar la potencia y la velocidad de cálculo, permitiendo cálculos y simulaciones complejas que antes eran imposibles. La aceptación generalizada de esta tecnología también presenta varios retos, como la preocupación por la regulación, la ética y la protección. Para hacer realidad todo el potencial de la IA, el Blockchain y la informática cuántica, es esencial la coacción entre las distintas partes interesadas, incluidos el gobierno, la industria, el mundo académico y el club civil. Esta coacción debe centrarse en abordar el reto asociado, desarrollar un modelo ético y garantizar que esta tecnología se despliegue de un modo inclusivo, sostenible y respetuoso con los derechos humanos. Aprovechando la impotencia transformadora de la IA, la cadena de bloques y la informática cuántica, el club puede desbloquear nuevas posibilidades, crear soluciones innovadoras a problemas complejos y allanar el camino hacia un futuro más digital y conectado. Otro invento que está dando forma al futuro es la informática cuántica. A diferencia de los ordenadores tradicionales, que utilizan puntos para almacenar y procesar la información, los ordenadores cuánticos funcionan con puntos cuánticos, o qubits. Estos qubits pueden existir en varios estados simultáneamente, gracias a una regla del mecanismo cuántico llamada principio de superposición. Esto permite al ordenador cuántico realizar cálculos complejos a una carga por unidad mucho más rápida que su homólogo clásico. El ordenador cuántico tiene el poder de resolver problemas que actualmente son irresolubles con el ordenador clásico debido a su inmensa potencia de cálculo. La informática cuántica tiene el potencial de revolucionar diversas industrias. Por ejemplo, en el campo de batalla de la especialidad médica, el ordenador cuántico puede emplearse para resolver complejos problemas genéticos y de plegamiento de proteínas, lo que podría conducir a la evolución de fármacos y tratamientos más eficaces para las enfermedades. En el ámbito financiero, la informática cuántica podría facilitar el pensamiento analítico de vastas sumas de información, permitiendo una predicción y valoración del riesgo más precisas. Los ordenadores cuánticos podrían mejorar enormemente la capacidad de los sistemas de servicios de inteligencia artificial, ya que podrían procesar y analizar enormes sumas de información en tiempo real. La informática cuántica aún está en pañales, y hay que superar numerosos retos antes de que pueda materializarse su verdadero potencial. Uno de los principales obstáculos es el número de abandonos. Los sistemas cuánticos son extremadamente frágiles y pueden verse afectados fácilmente por perturbaciones externas, como la temperatura o la enfermedad por radiación electromagnética. Mantener la inmovilidad de los qubits es crucial para el logro de la informática cuántica. Otra disputa es el escalado de la cifra de qubits. Actualmente, los ordenadores cuánticos están limitados a unos doce qubits, lo que restringe gravemente su potencia de cálculo. Superar este número de escalabilidad es esencial para la evolución de ordenadores cuánticos más grandes y potentes. Para hacer frente a este reto, los científicos e investigadores están explorando distintos enfoques de la informática cuántica. Una vía prometedora es el uso de qubits topológicos, que son más robustos frente a disonancias y perturbaciones externas. Los qubits topológicos se basan en el principio de la anatomía regional, una subdivisión de las matemáticas que estudia la propiedad de los infinitos que se conservan bajo una transformación continua. Estos qubits son menos susceptibles al error causado por el factor ambiental, lo que los hace más fiables para la aplicación de la informática cuántica. Otro ataque a la informática cuántica es la evolución del sistema de templado cuántico, que está diseñado específicamente para resolver problemas de optimización. El templado cuántico es una competencia que aprovecha la fluctuación cuántica para encontrar la provincia de energía libre más baja de una función matemática, que corresponde a la respuesta óptima de un trabajo. El sistema de templado cuántico se ha aplicado con éxito a diversos problemas de optimización, como la optimización de carteras y la búsqueda de dosis. Los investigadores están estudiando el uso de qubits de iones atrapados, que son muy estables y pueden controlarse con gran precisión. Los qubits de iones atrapados se basan en el uso de iones individuales atrapados en un campo de batalla electromagnético. Estos qubits han mostrado unas consecuencias prometedoras en cuanto a su estancamiento y escalabilidad, lo que los convierte en una campaña potencial para futuros sistemas de computación cuántica. En decisión, el servicio de inteligencia artificial, el Blockchain y la informática cuántica son tres inventos que están impulsando el futuro de la ingeniería. El servicio de IA está transformando la industria y revolucionando la forma en que vivimos y trabajamos. La ingeniería Blockchain está revolucionando la forma en que manejamos los minutos y garantizando la transparencia y la protección. La informática cuántica tiene el potencial de resolver problemas actualmente irresolubles y revolucionar diversos campos, como la especialidad médica y las finanzas. Aunque esta invención presenta numerosos retos, los científicos e investigadores trabajan activamente para superarlos y aprovechar todo el potencial de esta tecnología. El futuro es apasionante, y esta tecnología desempeñará sin duda una función crucial en su configuración.

# III. TECNOLOGÍA BLOCKCHAIN

Tecnología Blockchain La ingeniería Blockchain es una de las promociones tecnológicas más fascinantes y disruptivas del siglo XXI. Con su naturaleza descentralizada y transparente, tiene el potencial de revolucionar infinidad de industrias, desde las finanzas y la dirección de concatenación de provisiones hasta la sanidad y las autoridades. En su núcleo, Blockchain es un Leger distribuido que permite procurar un almacén inmutable de información. Esta ingeniería adquirió popularidad gracias al auge de las criptomonedas, como Bitcoin. Blockchain es más que una simple corrección digital; es un poderoso instrumento que puede resolver varios retos a los que se enfrentan los sistemas centralizados tradicionales. Una de las características clave de la ingeniería Blockchain es la descentralización. A diferencia del sistema centralizado tradicional, en el que la información es almacenada y controlada por una única entidad, Blockchain permite la distribución estadística de la información a través de una red de ordenadores (nodos) . Cada nodo de la red mantiene una transcripción de toda la Blockchain, lo que hace extremadamente difícil que cualquier individuo u organización manipule la información. Esta descentralización garantiza la unidad y la protección de la información almacenada en la Blockchain. Se emplean mecanismos de consenso, como el proof-of-work o el proof-of-stake, para validar y verificar las actas dentro de la red, lo que aumenta aún más la protección y la oxidación del esquema. Otra característica significativa de la Blockchain es su transparencia. Todas las actas registradas en la Blockchain son visibles para todos los jugadores de la web. Esta transparencia fomenta la confianza y la responsabilidad, ya que cualquier jugador puede auditar y verificar las actas. La inmutabilidad de la Blockchain garantiza que, una vez registrada una negociación, no puede alterarse ni borrarse. Esta característica hace que Blockchain sea especialmente valiosa en sectores en los que la unidad de la información es crucial, como la dirección de concatenación de provisiones y la sanidad. Al proporcionar un registro fonográfico cristalino e inmutable de las actas, la ingeniería Blockchain puede mejorar la fiabilidad y la trazabilidad a lo largo de diversos procedimientos. Las aplicaciones potenciales de la ingeniería Blockchain son amplias y diversas. En la fabricación financiera, Blockchain puede revolucionar las remesas, los pagos transfronterizos e incluso la emisión de moneda digital por los Bancos centrales. Al eliminar a los mediadores y aumentar la eficacia, Blockchain puede reducir significativamente el coste de las transacciones y mejorar la inclusión financiera. La naturaleza descentralizada de Blockchain puede mitigar el riesgo de impostores y mejorar la protección de las actas financieras. La dirección de la concatenación de suministros es otra esfera que puede beneficiarse enormemente de la ingeniería de Blockchain. El esquema Leger distribuido puede proporcionar agilidad en tiempo real a todo el procedimiento de concatenación de suministros, desde el inicio de la materia prima hasta la mercancía final. Esta transparencia permite designar y declarar rápidamente cualquier problema, como la falsificación de la mercancía o el retraso en la entrega. La inmutabilidad de la cadena de bloques garantiza la autenticidad y unidad de la mercancía a lo largo de todo el proceso de concatenación. Estas características pueden ayudar a crear confianza entre los consumidores y mejorar la eficacia general de la concatenación de suministros. El sector sanitario está maduro para que la ingeniería Blockchain lo rompa. Los historiales médicos, que son muy sensibles y confidenciales, suelen estar dispersos entre varios proveedores sanitarios y son propensos a violaciones y errores. Aprovechando Blockchain, el paciente puede tener una condición de control total sobre su información médica, concediendo licencia al proveedor para entrar en su historial. La naturaleza descentralizada y segura de la cadena de bloques puede aumentar la privacidad y protección de la información médica, al tiempo que mejora la interoperabilidad y eficiencia del sistema sanitario. Blockchain puede facilitar las pruebas e investigaciones clínicas almacenando y compartiendo información de forma segura entre el personal investigador y la organización. Los gobiernos de todo el mundo también están explorando la potencialidad de la ingeniería Blockchain. Utilizando Blockchain para el sistema de votación, las autoridades pueden garantizar unas elecciones transparentes y a prueba de manipulaciones. El registro de la propiedad puede aprovechar Blockchain para garantizar la unidad y la transparencia del registro de posesión de bienes. Blockchain también puede utilizarse en la dirección de la identidad personal, proporcionando a la persona más condiciones de control sobre su información personal y reduciendo el riesgo de robo de identidad personal. Esta aplicación demuestra la potencialidad de Blockchain para mejorar la administración, mejorar la confianza y agilizar el procedimiento administrativo. En decisión, la ingeniería Blockchain tiene el potencial de remodelar varias industrias descentralizando y proporcionando transparencia en cuestión de minutos. Este invento tiene el poder de revolucionar las finanzas, la dirección de la concatenación de provisiones, la sanidad y la administración, entre otros muchos sectores. Al eliminar el mediador y aumentar la protección, Blockchain puede mejorar la eficacia, reducir los costes y fomentar la confianza entre los participantes. A medida que la ingeniería sigue madurando y evolucionando, es crucial que las partes interesadas de todo el sector exploren y adopten las ventajas de Blockchain, sentando las bases de un futuro más descentralizado, transparente y eficiente.

# EXPLICACIÓN DE BLOCKCHAIN

Esta ingeniería, a menudo asociada con criptomonedas como Bitcoin, ha ganado una importante asistencia en la vejez reciente por su potencial para revolucionar diversas industrias. En su núcleo, Blockchain es un esquema de Leger distribuido que permite a varias partes mantener un registro fonográfico compartido y transparente de actas o información. Es una red descentralizada donde la información se almacena en bloques, que se enlazan entre sí mediante un algoritmo criptográfico para formar una concatenación. Cada bloque de ciudad contiene un hash criptográfico del bloque de ciudad anterior, creando de hecho un orden cronológico de magnitud de minutos que es prácticamente imposible alterar retroactivamente. Una de las características clave de Blockchain es su poder para proporcionar confianza y protección sin la exigencia de una autorización central. El sistema tradicional suele depender de un mediador, como bancos o autoridades institucionales, para verificar y validar las actas. En contraste directo, Blockchain permite a los participantes confiar en el propio esquema en lugar de depender de una entidad externa. Esto se consigue mediante un mecanismo químico de consenso, en el que los participantes en la red llegan a un entendimiento sobre la cogencia de cada operación antes de que se añada a la Blockchain. Diversos algoritmos de consenso, como el proof-of-work o el proof-of-stake, garantizan que las actas se validen de un modo procurado y a prueba de manipulaciones. Otra faceta importante de Blockchain es su inmutabilidad. Una vez que se añade un bloque de ciudad a la concatenación, resulta extremadamente difícil alterar o eliminar la información que contiene. Esto se debe a que cambiar la información dentro de un bloque de ciudad requeriría modificar también todos los bloques posteriores, lo que exigiría que un gran número de participantes se confabularan y reescribieran toda la cuenta de la cadena de bloques. Esto hace que la cadena de bloques sea un sistema muy seguro y fiable para almacenar información sensible, ya que cualquier intento de manipular la información sería inmediatamente detectable. La cadena de bloques proporciona transparencia y trazabilidad al hacer que toda la cuenta de operaciones sea visible para todos los participantes. Todas las operaciones se registran en la cadena de bloques y cualquiera que tenga los permisos necesarios puede acceder a ellas y verificarlas. Esta transparencia puede aportar beneficios significativos en diversos sectores, como la dirección de concatenación de provisiones, donde el inicio y la autenticidad de la mercancía pueden rastrearse y verificarse fácilmente. También puede mejorar el procedimiento de auditoría, ya que todas las actas se registran permanentemente y pueden auditarse de un modo cristalino y eficaz. Además de su aplicación potencial en las finanzas y la concatenación de suministros, la ingeniería Blockchain también se está explorando en otros ámbitos como la sanidad, la energía libre y las autoridades. En el sector sanitario, por ejemplo, Blockchain puede facilitar la obtención de historiales médicos interoperables, permitiendo al paciente controlar su propia información y compartirla sin problemas con el proveedor sanitario. En el ámbito de la energía libre, Blockchain puede facilitar el comercio de energía libre entre iguales y permitir la integración del inicio de la energía libre renovable en el sistema energético existente. En el ámbito de las autoridades, Blockchain puede mejorar la transparencia y la eficacia de los servicios públicos, como el voto o la inscripción de pertenencias. A pesar de sus numerosos beneficios potenciales, Blockchain no está exenta de desafíos. La ingeniería es todavía relativamente nueva y se enfrenta a problemas de escalabilidad, ya que la red Blockchain actual tiene dificultades para gestionar grandes cantidades de minutos. La ingestión gratuita de energía de la red Blockchain, en particular las que utilizan el algoritmo de consenso proof-of-work, ha suscitado preocupación por su impacto medioambiental. El modelo regulador que rodea a Blockchain aún está evolucionando, y los estados de todo el mundo están lidiando con la forma de gobernar eficazmente esta ingeniería emergente. En decisión, la ingeniería Blockchain tiene un inmenso potencial para revolucionar diversas industrias al proporcionar un esquema descentralizado, procurado y cristalino para registrar y verificar actas o información. Su poder para establecer confianza y protección sin necesidad de mediador, su inmutabilidad y su transparencia la convierten en un poderoso instrumento para mejorar la eficacia, reducir la impostura y mejorar la responsabilidad. Deben abordarse los retos relacionados con la escalabilidad, la ingestión gratuita de energía y la ordenación para que Blockchain desarrolle plenamente su potencial y se convierta en parte integrante de nuestra subestructura digital.

# CARACTERÍSTICAS DE BLOCKCHAIN

La Blockchain, la ingeniería de Leger distribuida que subyace a criptomonedas como Bitcoin, se caracteriza por varios rasgos clave que la hacen única y prometedora para diversas aplicaciones más allá de las finanzas. En primer lugar, Blockchain está descentralizada, lo que significa que no hay una autorización central ni un intermediario que controle la red. En su lugar, una red de ordenadores, conocida como nodo, mantiene y valida colectivamente la Blockchain, garantizando la confianza y la protección. Esta descentralización elimina la demanda de mediadores, reduce los costes y aumenta la transparencia. En segundo lugar, Blockchain es inmutable, o a prueba de manipulaciones. Una vez que una operación o información se registra en la cadena de bloques, no puede alterarse ni borrarse. Esto se consigue mediante el uso de técnicas criptográficas y algoritmos de consenso, como el proof-of-work o el proof-of-stake, que garantizan la coherencia y unidad de la información. La faceta de inmutabilidad de Blockchain es especialmente valiosa en aplicaciones que requieren un registro auditable y verificable, como la dirección de concatenación de provisiones o la asistencia sanitaria. Blockchain proporciona transparencia y desnudez, ya que todos los participantes en la red tienen acceso a la misma información. Las actas y la información registradas en la Blockchain son visibles para todos los participantes, lo que reduce la disimetría de la información que suele existir en los sistemas centralizados. El uso de claves públicas y privadas para el sello y la codificación añade un lecho adicional de protección y privacidad a las actas de Blockchain. Otra característica clave de Blockchain es su alto grado de protección. Debido a la naturaleza descentralizada de Blockchain, es extremadamente difícil que una sola entidad comprometa toda la red. Cada operación está vinculada criptográficamente a la anterior, formando una concatenación de bloques que es prácticamente incorruptible. Esta característica hace que Blockchain sea muy resistente a la piratería y a los impostores, lo que la convierte en una respuesta atractiva para aplicaciones que implican información sensible, como la dirección de identidad personal o la cobertura de protección de pertenencias intelectuales. Blockchain proporciona confianza y responsabilidad sin necesidad de confianza entre los participantes. Los sistemas tradicionales se basan en la confianza en una autorización o intermediario central para garantizar la coherencia de las actas y la información. Por el contrario, Blockchain consigue la confianza mediante un mecanismo de consenso, en el que la mayoría de los participantes de la red se aferran a la veracidad de las actas. Este mecanismo químico de confianza distribuida elimina la demanda de confianza en una única entidad y reduce el peligro de impostor o de uso. Blockchain permite los contratos inteligentes, que son contratos autoejecutables con reglas y tiempo predefinidos. Los contratos inteligentes se codifican en la Blockchain y se ejecutan automáticamente cuando se cumple el tiempo especificado. Esto elimina la necesidad de mediadores en los acuerdos contractuales, reduciendo costes y aumentando la eficacia. Los contratos inteligentes tienen el potencial de revolucionar varios sectores, como el inmobiliario, el político o el logístico, automatizando procedimientos complejos y reduciendo el riesgo de impostores o disputas. Blockchain es altamente escalable y puede manejar una gran cantidad de minutos. Con la llegada de tecnologías como el intercambio o las cadenas laterales, la red Blockchain puede escalar horizontalmente, permitiendo un mayor rendimiento y un proceso de negociación más rápido. Esta escalabilidad es esencial para la aceptación generalizada de la cadena de bloques en aplicaciones que requieren un gran volumen de transacciones, como los sistemas de pago o las planchas de provisiones. Blockchain fomenta la interoperabilidad, ya que puede integrarse con los sistemas y tecnologías existentes. La red de cadenas de bloques puede comunicarse e interoperar entre sí mediante un protocolo y una interfaz estandarizados, lo que permite el intercambio de información y la interacción entre distintas organizaciones o plataformas. Esta faceta de interoperabilidad de Blockchain es crucial para construir un ecosistema completo e interconectado que pueda aprovechar las ventajas de Blockchain en diversos ámbitos. En definitiva, Blockchain posee un conjunto único de características que la convierten en una ingeniería prometedora para un amplio ámbito de aplicación más allá de las finanzas. Su descentralización, inmutabilidad, transparencia, protección, fiabilidad, escalabilidad, contrato inteligente e interoperabilidad proporcionan una base sólida para desarrollar soluciones innovadoras en ámbitos como la dirección de la concatenación de provisiones, la asistencia sanitaria, la dirección de la identidad personal o la cobertura protectora de la propiedad intelectual. A medida que Blockchain siga evolucionando y madurando, tiene el potencial de remodelar la industria y revolucionar la forma en que almacenamos, verificamos e intercambiamos información y valor económico en el periodo histórico digital.

# DESCENTRALIZACIÓN

La descentralización es una concepción clave en los campos de la IA, la ingeniería Blockchain y la informática cuántica. En cada uno de estos ámbitos, la impresión de descentralización desempeña una función crítica para permitir la invención y establecer la confianza. En la IA, la descentralización se refiere a la distribución estadística de la potencia de cálculo y la toma de decisiones en múltiples nodos o dispositivos, fomentando así la debilidad, la eficiencia y la resistencia. Este ataque minimiza el riesgo de un único detalle perdedor y mejora la presentación pública general del sistema de IA. La ingeniería Blockchain, por otro lado, se basa en gran medida en el concepto de descentralización para crear confianza y protección en una red entre iguales. Al distribuir el Leger entre múltiples nodos, Blockchain garantiza la transparencia, la inmutabilidad y la oposición a la censura o la entrada no autorizada. En consecuencia, esta ingeniería ha ganado una popularidad significativa en diversos sectores, como las finanzas, la concatenación de provisiones y la sanidad. La descentralización tiene un inmenso potencial en la informática cuántica, un campo de batalla que aprovecha la propiedad del mecanismo cuántico para resolver problemas computacionales complejos. La naturaleza descentralizada de la informática cuántica permite la distribución estadística de los recursos informáticos y, por tanto, posibilita el intento de colaboración entre investigadores e instituciones de todo el mundo. Este ataque acelera la invención y crea una comunidad global de intereses de expertos que pueden desbloquear colectiva-mente la potencialidad de la informática cuántica. La descen-tralización sirve como regla de dirección en estas tres esferas, revolucionando la forma en que desarrollamos y aplicamos la tecnología avanzada. En el reino de la IA, la descentralización capacita a la red y al algoritmo para aprender y adaptarse de forma independiente, eliminando la demanda de un esquema de condiciones de control centralizado. Al distribuir la carga computacional entre varios nodos, el sistema de IA puede pro-cesar simultáneamente una gran cantidad de información, lo que da lugar a una toma de decisiones mucho más rápida y eficaz. La descentralización mitiga el riesgo de fallo o cierre del esquema provocado por un único mando, mejorando la resis-tencia y robustez de la aplicación de IA. Por ejemplo, en los coches autoconducidos, la IA descentralizada permite la comu-nicación entre vehículos, lo que posibilita la toma de decisiones en tiempo real basadas en la observación y la información lo-cales. Este ataque no sólo mejora el refugio y la fiabilidad del vehículo autónomo, sino que también fomenta un ecosistema dinámico y adaptable del sistema de transporte impulsado por la IA. En el reino de la ingeniería Blockchain, la descentralización desempeña una función crucial para establecer la confianza y la protección en una red de pares. Al distribuir el Leger a través de múltiples nodos, Blockchain garantiza que ninguna entidad tenga el control de todo el esquema. Esta naturaleza cristalina e inmutable de Blockchain la hace muy resistente a la manipu-lación, la imposición o el uso. La descentralización permite un mecanismo de consenso como el proof-of-work o proof-of-stake, en el que varios nodos participan en la verificación y va-lidación de las actas. Este procedimiento garantiza la unidad e inmutabilidad de la Blockchain, convirtiéndola en una plataforma política fiable para diversas aplicaciones. Por ejemplo, en el ámbito financiero, las criptomonedas descentralizadas como Bitcoin han ganado popularidad debido a su poder para facilitar la obtención de actas transparentes sin la necesidad de mediadores como los bancos. Del mismo modo, la solución descentralizada de concatenación de provisiones basada en la ingeniería Blockchain ofrece una mayor transparencia y trazabilidad, permitiendo al consumidor tomar decisiones informadas basadas en información fiable sobre la mercancía. En el reino de la informática cuántica, la descentralización facilita la colaboración entre investigadores e instituciones, permitiendo la expedición geográfica colectiva y la evolución de esta ingeniería de vanguardia. Dados los inmensos complejos y la impotencia computacional necesarios para la informática cuántica, la descentralización permite la distribución estadística de los recursos informáticos, la pericia y el conocimiento en toda la Tierra. Este ataque fomenta la coacción, acelera el avance de la investigación y promueve el intercambio de conocimientos dentro de la comunidad científica de intereses. La descentralización permite ampliar la posición e intercambiar ideas diversas, lo que puede conducir al descubrimiento y la promoción de la informática cuántica. Al fomentar un ecosistema descentralizado, podemos aprovechar la impotencia colectiva de expertos y recursos para abordar problemas complejos y liberar todo el potencial de la tecnología de la informática cuántica. En decisión, la descentralización es una concepción fundamental en el ámbito de la IA, la ingeniería de Blockchain y la informática cuántica. Faculta al sistema de IA, a la red Blockchain y a la comunidad de la informática cuántica para alcanzar un grado de eficacia, protección y coacción sin precedentes. Al adoptar la descentralización, podemos revolucionar la forma en que construimos y aplicamos la tecnología avanzada, allanando el camino para la invención futura y la transformación de la sociedad. A medida que esta tecnología siga evolucionando, la grandeza de la descentralización no hará sino aumentar, dando forma a la pintura del paisaje de la IA, el Blockchain y la informática cuántica para la vejez venidera.

# TRANSPARENCIA

La transparencia es una faceta crucial cuando se trata de la ejecución de tecnologías emergentes como el servicio de inteligencia artificial, el Blockchain y la informática cuántica. En el reino del servicio de inteligencia artificial, la transparencia hace referencia al poder de explicar el procedimiento de toma de decisiones del sistema de IA. Esto es especialmente importante teniendo en cuenta el creciente uso de la IA en diversas aplicaciones, que van desde la sanidad y las finanzas hasta la justicia penal. Dado que la IA toma decisiones que afectan a la persona y al club como unidad, es imprescindible comprender cómo se llega a estas decisiones. Uno de los principales retos para lograr la transparencia en la IA reside en la complejidad del algoritmo de IA. La mayoría de los sistemas de IA, especialmente los basados en la técnica de adquisición profunda, se conocen como caja negra, lo que significa que producen consecuencias sin proporcionar ninguna explicación o justificación de dichas consecuencias. Esta falta de transparencia suscita preocupación sobre la equidad, la capacidad de respuesta y la fiabilidad del sistema de IA. Por ejemplo, un algoritmo de IA puede codificar inadvertidamente un sesgo presente en la información utilizada para su preparación, lo que puede dar lugar a un resultado discriminatorio. En tal caso, resulta difícil comprender por qué se tomó una determinación concreta y si estaba influida por un sesgo oculto. Para resolver este problema, se está intentando desarrollar técnicas que aumenten la transparencia del sistema de IA. La IA explicable (IAC) es un campo de batalla emergente que pretende ofrecer una explicación de la decisión tomada por el algoritmo de IA. Al ofrecer penetración en el procedimiento de toma de decisiones, la CAI puede ayudar a identificar el sesgo y garantizar que el sistema de IA sea responsable de su acción. En la CAI se están explorando varios enfoques, como el modelo basado en reglas, la imagen visual y los coevales de comunicación lingüística natural. La ingeniería de cadenas de bloques, por otro lado, ofrece una transparencia inherente gracias a su naturaleza descentralizada e inmutable. Una Blockchain es esencialmente un Leger distribuido que registra actas a través de múltiples nodos, creando un registro fonográfico cristalino y a prueba de manipulaciones de cada transacción. Esta transparencia es especialmente valiosa en aplicaciones como la dirección de concatenación de provisiones, los servicios financieros y la atención sanitaria, donde la confianza y la responsabilidad son cruciales. Al proporcionar un registro fonográfico transparente de las actas, la ingeniería Blockchain permite a los participantes en una red verificar la autenticidad y unidad de la información. Esto elimina la demanda de mediador y reduce la potencialidad de impostor o uso. La transparencia de Blockchain otorga a la persona la condición de control sobre su propia información, dándole el poder de porcionar o revocar la entrada según desee. Esto tiene importantes deducciones para los privatizadores y la cobertura protectora de la información, ya que permite a la persona tener una mayor condición de control sobre su información personal. Es esencial señalar que la transparencia en Blockchain no equivale a una completa agilidad pública. Aunque todas las actas registradas en una Blockchain son transparentes, la identidad del participante puede mantenerse en el anonimato mediante el uso de un seudónimo. Este seudónimo preserva a los privados al tiempo que mantiene la transparencia y la protección. La informática cuántica, con su inmensa potencia de cálculo, también presenta la oportunidad de mejorar la transparencia. La informática cuántica aprovecha el principio del mecanismo cuántico para realizar cálculos que actualmente son inviables para el ordenador clásico. Esto abre nuevas posibilidades en diversos campos, como el criptoanálisis, la optimización y la disciplina científica material. La impotencia de la informática cuántica también conlleva la disputa de mantener la transparencia y la protección en sus operaciones comerciales. El ordenador cuántico puede realizar ciertos cálculos exponencialmente más rápido que el ordenador clásico, lo que tiene importantes deducciones para el criptoanálisis. Los algoritmos de codificación tradicionales que se basan en la dificultad de factorizar grandes Números se vuelven vulnerables a los ataques de los ordenadores cuánticos, comprometiendo así la protección y la privacidad de la información sensible. Para garantizar la transparencia y la protección en la época de la informática cuántica, se están desarrollando nuevos algoritmos y protocolos criptográficos conocidos como criptoanálisis post-cuántico (PQC). El PQC pretende proporcionar un método de codificación que sea resistente a los ataques tanto del ordenador clásico como del cuántico, garantizando la confidencialidad y la unidad de la información. Aplicando el PQC, las organizaciones y las personas pueden prepararse para la época post-cuántica, manteniendo la transparencia y la protección en sus operaciones comerciales. En la decisión, la transparencia desempeña una función crucial en la ejecución de la tecnología emergente, como el servicio de inteligencia artificial, el Blockchain y la informática cuántica. En el caso de la IA, se está intentando mejorar la transparencia mediante una técnica de IA explicable que proporcione penetración en el procedimiento de toma de decisiones. La ingeniería Blockchain ofrece una transparencia inherente a través de su Leger distribuido, permitiendo la confianza, la responsabilidad y la condición de control individual sobre la información. Del mismo modo, en la época de la computación cuántica, la transparencia y la protección se mantienen mediante la evolución del criptoanálisis post-cuántico. Al abordar el reto asociado a la transparencia, esta tecnología puede aprovecharse en toda su potencialidad, creando un futuro en el que primen la confianza, la equidad y la responsabilidad.

# SEGURIDAD

La protección es un cuidado crítico cuando se trata de la esfera del servicio de inteligencia artificial, Blockchain y la informática cuántica. Con la rápida promoción de esta tecnología, aumenta la demanda de medidas de protección sólidas para proteger la información sensible y evitar la entrada de personas no autorizadas. Los sistemas de servicios de IA, sobre todo los que implican algoritmos sencillos de adquisición de máquinas, son susceptibles de diversos riesgos de protección. Un actor malintencionado puede explotar la vulnerabilidad de este sistema para manipular el algoritmo, dando lugar a consecuencias sesgadas o engañosas. Esto puede tener una deducción significativa, especialmente en áreas como la sanidad y las finanzas, donde la decisión basada en el algoritmo de IA puede tener profundas consecuencias. Garantizar la unidad y fiabilidad del sistema de IA es crucial para mantener la confianza y seguridad del usuario. Del mismo modo, la ingeniería de la cadena de bloques, que subyace a criptomonedas como Bitcoin, también se enfrenta al reto de la protección. Aunque la cadena de bloques se suele considerar segura por su naturaleza descentralizada e inmutable, no es inmune a los ataques. Una de las principales preocupaciones es la amenaza del ataque del 51%, por el que una única entidad adquiere el control de la mayor parte de la potencia informática de la red, lo que le permite manipular los minutos y duplicar el gasto de las monedas. Esto supone un peligro importante para la unidad y la confianza que son fundamentales para el funcionamiento militar de la Blockchain. Los errores y la vulnerabilidad del contrato inteligente que se ejecuta en la plataforma Blockchain pueden ser explotados por un pirata informático para robar finanzas o sacar información de los hilos. Es crucial desarrollar un mecanismo de protección robusto para mitigar estos peligros y garantizar la aceptación y el uso continuados de la ingeniería Blockchain. La informática cuántica, aunque promete una tremenda potencia de cálculo, también plantea un reto de protección. El ordenador cuántico tiene el potencial de romper el algoritmo criptográfico ampliamente utilizado que actualmente asegura nuestra teoría de la comunicación digital y las actas. Esto podría conducir a la vía media de información sensible, como datos personales, actas financieras y secretos de protección nacional. Para hacer frente a esta amenaza, los investigadores están trabajando en el desarrollo de algoritmos criptográficos resistentes a la tecnología cuántica que puedan resistir los ataques de los ordenadores cuánticos. La tecnología cuántica también puede utilizarse para mejorar la protección, como en el campo de batalla de la distribución estadística de claves cuánticas (QKD), que permite la comunicación segura mediante la transmisión de claves cifradas cuánticamente. No obstante, está claro que la protección en el periodo histórico de la informática cuántica requiere una invención y una versión constantes para adelantarse a la amenaza potencial. Para hacer frente a los retos de protección en el servicio de inteligencia artificial, Blockchain e informática cuántica, se pueden adoptar varios enfoques. En primer lugar, es crucial invertir en investigación y evolución para identificar y abordar la vulnerabilidad. Esto requiere la colaboración entre académicos, expertos en fabricación y responsables políticos para estar al tanto de las amenazas emergentes y desarrollar contramedidas. Es esencial incorporar la función de protección en la fase de diseño de esta tecnología. Al considerar la protección como una parte integral del procedimiento de evolución, se puede mitigar la vulnerabilidad antes de que sea explotada. La ejecución de un sistema robusto de hallmark y condiciones de control de entrada es vital para garantizar que sólo el usuario autorizado pueda interactuar con esta tecnología. Esto implica emplear un sello de calidad multifactor, codificación y protocolo de adquisición para evitar la entrada no autorizada y la violación de la información. También es necesario auditar y supervisar periódicamente el sistema para detectar con prontitud cualquier anomalía o actividad sospechosa. La organización debe invertir en un sólido plan y mecanismo de reacción incidental para garantizar una reacción rápida y eficaz en caso de ruptura de la protección. La concienciación y la instrucción del público desempeñan una función crucial en la mejora de la protección. Hay que informar a los usuarios del peligro asociado a esta tecnología y de su función en la protección de su información y de sus privados. Esto puede lograrse mediante campañas políticas educativas, talleres y planes de formación que doten a la persona de la cognición y la destreza necesarias para navegar con seguridad por la pintura del paisaje digital. En la decisión, la protección es un cuidado primordial en la esfera del servicio de inteligencia artificial, Blockchain y la informática cuántica. A medida que esta tecnología sigue avanzando y remodelando diversas industrias, es imperativo abordar los retos de protección que presentan. Invirtiendo en investigación, incorporando funciones de protección, implantando un sólido sistema de distintivos y condiciones de control de entradas, y fomentando la concienciación y la instrucción del público, podemos construir un ecosistema seguro y fiable para el futuro. Sólo a través de estos intentos colectivos se podrá hacer realidad todo el potencial de los servicios de inteligencia artificial, Blockchain y computación cuántica, mitigando al mismo tiempo el peligro asociado.

# CASOS DE USO DE BLOCKCHAIN

El debut de la ingeniería Blockchain ha abierto numerosas posibilidades y casos de uso potencial en diversas industrias. Una de las áreas clave en las que Blockchain ha encontrado una aplicación práctica significativa es en la dirección de concatenación de provisiones. Debido a sus características inherentes, como la inmutabilidad, la descentralización y la transparencia, Blockchain proporciona un mecanismo químico seguro y eficiente para rastrear y autenticar el movimiento de bienes desde su inicio hasta el consumidor final. Al implantar Blockchain en la dirección de la concatenación de suministros, las empresas pueden garantizar la variabilidad y unidad de sus mercancías, observar y prevenir la falsificación de bienes, y agilizar procedimientos como la dirección de la lista de existencias y la logística. Otra industria que ha mostrado una gran implicación en la adopción de la ingeniería Blockchain es la financiera. Blockchain tiene el potencial de revolucionar la industria financiera al ofrecer soluciones más seguras, cristalinas y eficientes para diversas operaciones financieras. Por ejemplo, Blockchain puede utilizarse para facilitar el pago transfronterizo, eliminando mediadores y reduciendo el coste de las transacciones. El contrato inteligente basado en Blockchain permite un acuerdo programable y autoejecutable, automatizando procedimientos como el préstamo, la política y la dirección plus. La naturaleza descentralizada de Blockchain también mejora la protección y reduce el riesgo de impostores y el uso de información. La ingeniería Blockchain también ha encontrado aplicación en el ámbito sanitario. Aprovechando Blockchain, el proveedor sanitario puede mejorar la unidad de información, los privados, la interoperabilidad y la condición de control de entradas. Con un sistema basado en Blockchain, el historial de roles afectados y la información médica pueden almacenarse y compartirse de forma segura entre los proveedores sanitarios, garantizando la veracidad y eliminando registros adicionales. Esto no sólo mejora la atención al paciente, sino que también permite al personal investigador y a los responsables políticos acceder a información completa y fiable para el análisis y la toma de decisiones. Blockchain puede utilizarse para rastrear la autenticidad y la concatenación de suministros de productos farmacéuticos, reduciendo el riesgo de que se infiltren medicamentos falsificados en el mercado y poniendo en peligro a los pacientes. Además de esta industria convencional, la ingeniería Blockchain también ha demostrado su potencial en áreas no convencionales como el sistema de votación y la dirección de derechos de propiedad intelectual. Implementando Blockchain en el sistema de votación, el gobierno puede mejorar la unidad y la transparencia de las elecciones, evitando impostores y garantizando la exactitud de las consecuencias. Blockchain también puede utilizarse para establecer la identidad digital, permitiendo a las personas demostrar su identidad personal sin necesidad de mediadores. En el ámbito de la propiedad intelectual, la cadena de bloques ofrece una plataforma política descentralizada e inmutable para registrar y proteger los derechos de autor, patentes y marcas, eliminando la necesidad de mediadores externos y reduciendo los costes. La ingeniería Blockchain tiene el potencial de revolucionar la esfera de la energía libre al permitir el comercio de energía libre entre iguales e incentivar los coevales de energía libre renovable. Con Blockchain, las personas y las organizaciones pueden comerciar directamente entre sí con el exceso de energía libre, eliminando la demanda del proveedor tradicional de energía libre y reduciendo el coste. Esto no sólo promueve la independencia de la energía libre, sino que también fomenta la aceptación del comienzo de la energía libre renovable, contribuyendo en última instancia a un futuro más sostenible. El potencial de Blockchain se extiende más allá del entorno informático tradicional. El desarrollo de la ingeniería Blockchain ha llevado a la evolución de aplicaciones descentralizadas (Apps) y organizaciones autónomas descentralizadas (DAOs) . Estas aplicaciones aprovechan la naturaleza descentralizada de Blockchain para operar sin la exigencia de una autorización central, ofreciendo mayor transparencia y protección. Por ejemplo, las aplicaciones pueden utilizarse para crear un mercado descentralizado, donde el usuario puede comprar y vender bienes directamente, sin necesidad de un mediador. Por otro lado, las DAO permiten una estructura descentralizada de toma de decisiones y administración, permitiendo a los participantes votar sobre asuntos importantes y gestionar colectivamente los recursos y las operaciones comerciales. Los casos de uso de Blockchain son diversos y siguen diversificándose a medida que evoluciona la ingeniería. Desde la dirección de la concatenación de provisiones hasta las finanzas, la sanidad, el sistema de votación, la dirección de los derechos de propiedad intelectual, la energía libre y la aplicación descentralizada, Blockchain tiene el potencial de transformar varias industrias mejorando la protección, la transparencia, la eficacia y la confianza. Es importante señalar que, a pesar de sus numerosas ventajas, la ingeniería Blockchain también presenta retos como la escalabilidad, la ingestión de energía libre y la preocupación normativa. A medida que la ingeniería madure, abordar estos retos y explorar nuevas aplicaciones será crucial para aprovechar plenamente el potencial de Blockchain para dar forma al futuro de nuestro club digital.

# CRIPTODIVISAS

Ha sido un invento revolucionario en el universo de las finanzas y la ingeniería. Estas monedas digitales, como Bitcoin y Ethereum, han revolucionado la forma en que pensamos y utilizamos el dinero. Una de las principales ventajas de las criptodivisas es su naturaleza descentralizada, ya que no están controladas por ninguna autorización o autoridad central. Esto ha permitido un mayor grado de exención e independencia financiera, sobre todo en regiones con sistemas políticos inestables u opresivos. Las criptodivisas tienen el potencial de eliminar la demanda de mediadores, como los Bancos, en los minutos financieros. Esto puede reducir el coste de las transacciones y aumentar la eficacia del sistema económico mundial. Las criptodivisas tienen el potencial de proporcionar servicios financieros a la población no bancarizada o infrabancarizada, que puede no tener acceso a los servicios bancarios tradicionales. A medida que las criptomonedas se adopten más ampliamente, tienen el potencial de aportar comprensión financiera a un millón de ciudadanos de todo el universo. También existen importantes retos y peligros asociados a las criptodivisas. Uno de los principales es su imprevisibilidad, ya que el valor económico de las criptodivisas puede fluctuar significativamente en un breve periodo de tiempo. Esto las convierte en una inversión muy arriesgada y plantea dudas sobre su capacidad para servir como tienda estable de valor económico. Las criptodivisas se han asociado a actividades ilícitas como el lavado de dinero y la financiación de actos de terrorismo, debido a la naturaleza seudónima de los minutos. Esto ha suscitado preocupación por la posibilidad de que las criptodivisas se utilicen con fines ilegales y ha provocado un mayor examen regulador. Otra controversia es la escalabilidad de las criptomonedas, ya que la actual ingeniería de cadena de bloques que las sustenta sólo puede manejar una cifra limitada de minutos por segundo. Esto ha provocado problemas de saturación de la red y retrasos en las transacciones, sobre todo en periodos de gran demanda. También preocupa el impacto medioambiental de las criptomonedas, en particular del Bitcoin, ya que el procedimiento de excavación requiere una cantidad significativa de energía computacional y gratuita. A pesar de estos retos, las criptomonedas tienen el potencial de remodelar el esquema financiero mundial y democratizar el acceso a los servicios financieros. La ingeniería de cadena de bloques subyacente que impulsa las criptomonedas también tiene una aplicación más amplia, más allá de las finanzas. Blockchain es un Leger distribuido que permite llevar un registro procurado y transparente de las actas. Tiene el potencial de revolucionar industrias como la dirección de concatenación de provisiones, la atención sanitaria y el sistema de votación. Por ejemplo, Blockchain puede utilizarse para verificar la autenticidad y el lugar de nacimiento de los bienes, garantizando que el consumidor tenga acceso a información precisa sobre la mercancía que compra. En la atención sanitaria, Blockchain puede facilitar la comunicación de la información sobre el papel de los afectados, permitiendo un servicio de atención sanitaria más eficaz y personalizado. En el contexto lingüístico del sistema de votación, Blockchain puede proporcionar un método seguro y cristalino para llevar a cabo las elecciones, reduciendo el riesgo de impostores y su uso. La convergencia de la IA, el Blockchain y la informática cuántica tiene el potencial de impulsar aún más la invención y la transmutación. La IA puede mejorar la capacidad de Blockchain automatizando el procedimiento y proporcionando penetración en tiempo real a partir de la enorme suma de información generada por la red Blockchain. La informática cuántica, por otro lado, puede aumentar la protección y la eficacia de la cadena de bloques mejorando la codificación y acelerando los cálculos complejos. La combinación de esta tecnología tiene el potencial de desbloquear nuevas posibilidades en áreas como las finanzas, la sanidad y la ciberseguridad. En decisión, las criptodivisas han transformado el panorama financiero pintando y ofrecen el potencial de llevar la comprensión financiera a un millón de ciudadanos de todo el universo. Aunque existen retos y peligros asociados a las criptodivisas, su ingeniería de cadena de bloques subyacente tiene una aplicación más amplia que las finanzas. La convergencia de la IA, el Blockchain y la informática cuántica tiene el potencial de impulsar una invención aún mayor y transmutar diversas industrias. A medida que esta tecnología siga evolucionando, es crucial encontrar una proporción entre invención y ordenanza para garantizar el despliegue responsable e inclusivo de esta tecnología.

# GESTIÓN DE LA CADENA DE SUMINISTRO

La dirección de la concatenación de suministros es una faceta crítica de los negocios en el sistema económico globalizado actual. Implica la coordinación e integración de diversas actividades, procedimientos y partes interesadas para garantizar el flujo eficaz de bienes y servicios desde el detalle del inicio hasta el detalle de la ingestión. El objetivo de la dirección de la concatenación de suministros es optimizar toda la red de concatenación de suministros en términos de valor monetario, velocidad, calibre y debilidad. La llegada de la IA, la ingeniería Blockchain y la informática cuántica ha influido significativamente en la práctica de la dirección de la concatenación de provisiones. La tecnología de IA, como la adquisición de máquinas simples y el análisis predictivo, han mejorado el procedimiento de toma de decisiones analizando un gran volumen de información y proporcionando penetración para la predicción, la dirección de listas de existencias, la preparación de requisitos y la valoración de riesgos. Por ejemplo, un algoritmo impulsado por IA puede analizar la información histórica sobre ventas brutas, la tendencia del mercado y los factores externos para generar un pronóstico preciso de las necesidades, reduciendo las roturas de stock y el exceso de existencias. La IA puede permitir la mecanización del procedimiento de concatenación de provisiones, mejorando la productividad y reduciendo los costes. Por ejemplo, un vehículo autónomo equipado con un algoritmo de IA puede optimizar la preparación de la ruta, la programación y la ingestión de fuego, lo que resulta en una entrega rápida y más eficiente.

Del mismo modo, los autómatas y drones dotados de IA pueden automatizar las tareas repetitivas en los almacenes, mejorando el cumplimiento del orden de magnitud y reduciendo el coste de la mano de obra. La IA puede ayudar en la dirección del calibre analizando la información del detector y la cámara para identificar defectos o desviaciones de la norma de calibre, lo que permite tomar medidas correctivas en tiempo real. La ingeniería Blockchain también ha surgido como instrumento transformador para mejorar la transparencia, la trazabilidad y la confianza en los hierros de provisión. Se trata de una ingeniería de Leger distribuida que permite procurar una transcripción de actas inmutable y descentralizada. Aprovechando Blockchain, las organizaciones pueden crear un registro fonográfico a prueba de manipulaciones de cada transacción, desde el origen de la materia prima hasta la entrega de la mercancía final, garantizando la transparencia y la responsabilidad. Esto puede ser especialmente útil en industrias en las que el lugar de nacimiento y la autenticidad son fundamentales, como la alimentaria y la farmacéutica. Blockchain también puede permitir una mejor coacción de concatenación de suministros al proporcionar una plataforma política compartida para múltiples partes interesadas, como el proveedor, el fabricante, el distribuidor y el cliente. Al compartir información relevante, como el grado de la lista de existencias, la capacidad del producto y el pronóstico de las necesidades, los participantes pueden tomar decisiones más informadas, mejorar la coordinación y reducir la multiplicación de los plazos. Blockchain también puede facilitar la ejecución de contratos inteligentes, que son contratos autoejecutables con reglas y tiempo predefinidos. Esto puede eliminar la demanda de mediadores y agilizar el procedimiento de pago, reduciendo el coste de la negociación y mejorando la eficacia. Otra ingeniería emergente que alberga grandes esperanzas para la dirección de la concatenación de provisiones es la computación cuántica. La informática cuántica utiliza el principio de la filosofía natural cuántica para realizar cálculos complejos que superan la capacidad de los ordenadores clásicos. Esto puede permitir la optimización de la concatenación de provisiones, como la resolución del trabajo del viajante de comercio, que consiste en encontrar el camino más corto para visitar un conjunto de ubicaciones. Al encontrar un camino óptimo, se puede minimizar el coste de la concatenación de provisiones y reducir la multiplicación de traídas. La informática cuántica también puede mejorar la resistencia de la concatenación de provisiones simulando varios escenarios e identificando puntos vulnerables en la red. Al comprender el peligro potencial y la ruptura, la organización puede diseñar proactivamente un plan de eventualidades e implantar un esquema de atenuación para garantizar la persistencia de las operaciones comerciales. La informática cuántica puede facilitar una predicción más rápida y precisa de las necesidades, teniendo en cuenta diversos factores, como la estacionalidad, la tendencia del mercado y el comportamiento del consumidor. Esto puede permitir a la organización alinear su capacidad logística y de productos con las necesidades previstas, reduciendo el riesgo de exceso de existencias o de ruptura de stock. En la toma de decisiones, la integración del servicio de inteligencia artificial, la ingeniería Blockchain y la informática cuántica ha revolucionado la práctica de la dirección de la concatenación de provisiones. Esta tecnología ha permitido a las organizaciones mejorar la toma de decisiones, automatizar los procedimientos, mejorar la transparencia, la coacción y la confianza, y optimizar las operaciones comerciales de concatenación de provisiones. A medida que las empresas se esfuerzan por seguir siendo competitivas y satisfacer las crecientes expectativas de los clientes, adoptar esta tecnología puede proporcionar una ventaja significativa en el complejo y dinámico universo de la dirección de la concatenación de provisiones.

# SISTEMAS DE VOTACIÓN

Otro país donde la ingeniería Blockchain tiene potencial para dar un golpe significativo es en el sistema de votación. Los actuales sistemas de votación existentes en todo el mundo son a menudo criticados por ser anticuados, susceptibles de uso y carentes de transparencia. La ingeniería Blockchain puede abordar estos problemas proporcionando una plataforma política segura y transparente para llevar a cabo las elecciones. Una de las principales ventajas de utilizar la ingeniería Blockchain en el sistema de votación es la protección que ofrece. Los sistemas de votación tradicionales son vulnerables a los impostores, las intromisiones y los cortes. Al almacenar los votos en una red descentralizada de Blockchain, resulta casi imposible que nadie altere o manipule la información. Cada voto se registra en un bloque de ciudad, se cifra y se vincula al bloque de ciudad anterior, creando un Leger de voto inmutable y transparente. Esto garantiza la unidad del procedimiento de votación e infunde confianza en el resultado final. Otro bienestar de utilizar Blockchain en el sistema de votación es la adición en transparencia. En el sistema de votación tradicional, el procedimiento de recuento y cómputo de votos puede ser opaco, dando lugar a dudas e intuiciones.

La ingeniería Blockchain, en cambio, proporciona un registro fonográfico público y transparente de cada papeleta, que permite al votante y al percibido verificar independientemente la consecuencia. Esta mayor transparencia puede ayudar a crear seguridad en el procedimiento electoral y reducir las disputas sobre la coherencia del resultado. La ingeniería Blockchain también puede abordar la cuestión de la facilidad de acceso y la inclusión en la votación. En muchos estados, los ciudadanos se enfrentan a barreras a la hora de participar en las elecciones, como la discapacidad física, la ubicación geográfica o la falta de designación. El sistema de votación basado en Blockchain puede superar esta barrera permitiendo a los ciudadanos votar a distancia utilizando su identidad digital, garantizando que todos tengan las mismas oportunidades de participar en el procedimiento democrático. El uso de Blockchain también puede evitar la suplantación de electores, verificando la identidad personal de cada elector y garantizando que tienen derecho a emitir su voto. A pesar de los beneficios potenciales, sigue habiendo retos y consideraciones que deben abordarse al implantar un sistema de votación basado en Blockchain. Uno de los principales cuidados es la privacidad del votante. Aunque Blockchain garantiza la protección y la transparencia del voto, también plantea dudas sobre los corsarios y la confidencialidad de la información. Es importante encontrar una proporción entre la transparencia y los corsarios para proteger la identidad del votante individual, manteniendo al mismo tiempo la unidad del sistema general. Otra controversia es la escalabilidad de la red Blockchain. A medida que aumente el número de participantes y de actas, la red Blockchain puede experimentar una saturación y una multiplicación más lenta de los procesos. Esto podría limitar la eficacia del procedimiento de votación y retrasar la obtención de consecuencias. Es necesario explorar soluciones de escalabilidad, como el protocolo de capa 2 o la compartición, para superar estas restricciones y garantizar que el sistema de votación basado en Blockchain pueda gestionar eficazmente las elecciones a gran escala. También hay que confiar en la propia ingeniería. La ingeniería de la cadena de bloques es todavía relativamente nueva y no es ampliamente comprendida por la población en general. Puede haber incredulidad y oposición a la adopción de un sistema de votación basado en Blockchain debido a la extrañeza de la ingeniería o a la preocupación por la vulnerabilidad de los cortes y la protección. La educación y la campaña política de transparencia serán cruciales para crear confianza y credibilidad en Blockchain como respuesta fiable y segura para el sistema de votación. En definitiva, la ingeniería de la cadena de bloques tiene un enorme potencial para transformar el sistema de votación y hacerlo más seguro, cristalino e inclusivo. Aprovechando la función de protección y transparencia de Blockchain, se puede mejorar la unidad de las elecciones y restablecer la confianza en el procedimiento electoral. Es necesario abordar cuidadosamente los retos relacionados con los privatizadores, la escalabilidad y la confianza para garantizar la ejecución satisfactoria del sistema de votación basado en Blockchain. A medida que la ingeniería siga evolucionando, será necesario seguir investigando y evolucionando para optimizar y perfeccionar el uso de Blockchain en las votaciones y allanar el camino hacia un club más democrático y participativo.

# BENEFICIOS Y RETOS POTENCIALES DE BLOCKCHAIN

El beneficio potencial y el reto de la ingeniería Blockchain encierra un inmenso potencial para diversos sectores, presentando numerosos beneficios, así como ciertos retos. Una de las ventajas significativas es su poder para mejorar la transparencia y la protección en cuestión de minutos. La naturaleza descentralizada de Blockchain garantiza que todos los participantes tengan acceso a un Leger compartido, lo que permite una actualización en tiempo real e inmutable. Este grado de transparencia puede reducir en gran medida la impostura, ya que la manipulación de la información requeriría alterar todos los bloques posteriores, lo que lo haría muy poco práctico y fácilmente detectable. El algoritmo criptográfico empleado en Blockchain garantiza la protección de las actas, haciendo casi imposible que un hacker manipule o introduzca información sensible. Estas características hacen de Blockchain una respuesta ideal para sectores como el financiero, donde la confianza y la protección son primordiales. Otro bienestar potencial de la ingeniería Blockchain reside en su potencial para racionalizar y automatizar los procedimientos, aumentando así la eficacia y reduciendo los costes. El sistema tradicional de mantenimiento de registros suele implicar un papeleo complejo y lento, postrado a errores humanos. En contraste directo, Blockchain proporciona una base de datos descentralizada e inmutable que elimina la demanda de mediador, reduciendo significativamente el burocratismo asociado al mantenimiento de registros. Por ejemplo, en la fabricación de concatenación de provisiones, Blockchain facilita el seguimiento de los bienes desde su inicio hasta su acabado final de un modo cristalino y procurado, reduciendo el retraso, el error y, en última instancia, el coste. Del mismo modo, el uso de Blockchain en el contrato inteligente puede automatizar el procedimiento contractual, garantizando que se cumplan las condiciones de pie y tiempo sin la demanda de mediador o sistema legal. Estas ventajas pueden revolucionar la industria, aumentando la eficiencia y la productividad. Blockchain puede fomentar la confianza y la coacción entre varias partes interesadas, sobre todo en la industria que implica complejos hierros de provisión o actas multipartitas. Al permitir que varias entidades entren y presten a un Leger común, la ingeniería Blockchain reduce el recelo inherente entre los participantes. En el ámbito de la atención sanitaria, donde la información sobre la función afectada suele estar fragmentada en varios sistemas, Blockchain puede posibilitar la comunicación interoperable de historiales médicos, permitiendo a los proveedores de atención sanitaria tomar decisiones informadas y prestar una mejor atención a la función afectada. Del mismo modo, en el campo de batalla de las propiedades intelectuales, Blockchain puede facilitar la inscripción y la cobertura protectora de los derechos de autor, el sello distintivo y la patente, promoviendo así la invención y la coacción. La mayor confianza y coacción que ofrece Blockchain tiene el potencial de transformar diversas industrias, fomentando un nuevo modelo de empresa y acelerando el crecimiento. Aunque los beneficios potenciales de Blockchain son sustanciales, deben abordarse varios retos para su aceptación generalizada. Uno de los principales retos es la escalabilidad. A medida que se suma la cifra de minutos, el tamaño de la Blockchain crece exponencialmente, reduciendo la eficacia del esquema. Para superar este conflicto, se están explorando varias soluciones, como la ejecución de minutos fuera de la cadena o el uso de la técnica de compartición. La ingestión gratuita de energía asociada a los minutos de la cadena de bloques, sobre todo en el caso del mecanismo de consenso de prueba de trabajo, suscita preocupación sobre la sostenibilidad. Es imperativo desarrollar mecanismos de consenso alternativos que consuman menos energía, para garantizar la viabilidad a largo plazo de la ingeniería Blockchain. Otra controversia es el entorno normativo que rodea a Blockchain. La naturaleza descentralizada de Blockchain limita la condición de control e inadvertencia del organismo regulador centralizado, lo que plantea un reto legal y de conformidad. La naturaleza transfronteriza de los minutos de Blockchain complica la aplicación de la regulación, lo que requiere cooperación internacional y normalización. El gobierno y el organismo regulador deben establecer un modelo y unas directrices claras para abordar estos retos, garantizando el uso responsable y seguro de la ingeniería de la cadena de bloques. La confianza en el algoritmo criptográfico de la cadena de bloques introduce vulnerabilidad a los ciberataques. Aunque la cadena de bloques está diseñada para ser segura, se han dado casos de piratas informáticos que han aprovechado fallos en el algoritmo criptográfico subyacente o en la ejecución de contratos inteligentes. Abordar esta vulnerabilidad requiere una investigación y actualizaciones continuas para garantizar la robustez y unidad del sistema Blockchain. Como Blockchain implica la dirección de una importante suma de información, surge la preocupación de los privados. Equilibrar la demanda de transparencia y los corsarios es una disputa importante que debe abordarse para crear confianza pública en la ingeniería Blockchain. En la decisión, la ingeniería Blockchain ofrece numerosos beneficios, que van desde la transparencia y la protección hasta el aumento de la eficacia y la coacción. Es necesario superar retos como la escalabilidad, la ingestión gratuita de energía, el modelo regulador, la vulnerabilidad cibernética y la preocupación de los corsarios para su aceptación generalizada. A medida que continúe la promoción tecnológica, es crucial abordar estos retos y capitalizar la potencialidad de Blockchain en diversos sectores, allanando así el camino para un futuro de actas procuras, eficaces y de confianza.

# INTEGRIDAD DE LOS DATOS

La unidad de datos se refiere a la veracidad, consistencia y fiabilidad de la información almacenada y procesada en diversos sistemas de máquinas informáticas. En el contexto lingüístico de la IA, la cadena de bloques y la informática cuántica, garantizar la unidad de la información es primordial debido al peligro potencial y a la complejidad asociada a esta tecnología. La IA, con su poder para reunir y analizar grandes volúmenes de información, depende en gran medida de la unidad de información para hacer predicciones y tomar decisiones precisas. Del mismo modo, la ingeniería de cadenas de bloques, con su naturaleza descentralizada e inmutabilidad, confía en la unidad de información para garantizar la coherencia y transparencia de las actas registradas en la cadena de bloques. La informática cuántica, con su inmenso poder computacional, plantea un reto a la unidad de información, ya que puede romper los esquemas de codificación utilizados habitualmente, poniendo en peligro la información sensible. En el reino de la IA, la unidad de información desempeña una función fundamental en la eficacia y fiabilidad de un simple algoritmo de aprendizaje automático. Los algoritmos de aprendizaje automático dependen de una gran cantidad de información para entrenar el modelo y hacer predicciones precisas. Si la información de la señal de entrada está comprometida o carece de unidad, la consecuencia del producto final de este algoritmo puede ser engañosa o incluso perjudicial. Por ejemplo, considera una simple regla algorítmica de aprendizaje automático utilizada para el diagnóstico médico. Si la información de la preparación está llena de historiales médicos erróneos o incompletos, la regla algorítmica puede aprender de forma equivocada y proporcionar un diagnóstico inexacto. Esto pone de relieve la necesidad de garantizar la unidad de la información en el sistema de IA mediante técnicas como la comprobación de la información, la limpieza de la información y la auditoría para evitar el sesgo y la inexactitud en el procedimiento de adquisición. La ingeniería Blockchain, conocida por su naturaleza descentralizada y a prueba de manipulaciones, depende en gran medida de la unidad de información para mantener la confianza de su usuario. En una web Blockchain, cada operación se registra en un bloque de ciudad, y estos bloques se enlazan entre sí mediante hash criptográficos, formando una concatenación inmutable de registro. La unidad de los datos está garantizada por el mecanismo químico de consenso empleado por la red Blockchain, que requiere que la mayoría de los participantes se pongan de acuerdo sobre la coherencia de cada transacción antes de que pueda añadirse a la concatenación. Este mecanismo químico de consenso descentralizado y la inmutabilidad de la cadena de bloques hacen casi imposible alterar o manipular la información registrada, manteniendo su unidad y autenticidad. Lograr la unidad de la información en la red Blockchain va más allá de la inmutabilidad de la propia información. También implica la verificación de la información introducida en el sistema, garantizando que la información registrada es exacta y fiable. Esto puede lograrse mediante diversos mecanismos, como la prueba de información y la firma digital. La técnica de prueba de datos ayuda a garantizar que la información que se registra en la cadena de bloques tiene el formato correcto y se adhiere

126

a las reglas y normas predefinidas. La firma digital, por otro lado, proporciona una agencia de verificación de la autenticidad y unidad de la información. Al firmar digitalmente las actas mediante un algoritmo criptográfico, los participantes pueden demostrar la posesión y la unidad de la información que envían a la web de la cadena de bloques. La informática cuántica, con su inmensa potencia de cálculo, plantea nuevos retos y preocupaciones en relación con la unidad de la información. El ordenador cuántico tiene el potencial de romper el algoritmo de codificación utilizado habitualmente, comprometiendo la confidencialidad y la unidad de la información sensible. A medida que el ordenador cuántico se hace más potente, el método de codificación tradicional puede dejar de ser suficiente para proteger la información de ataques malintencionados. Garantizar la unidad de la información en el periodo histórico de la informática cuántica requiere la evolución del esquema de codificación resistente a la cuántica y el criptoanálisis postcuántico. Estas técnicas criptográficas pretenden resistir la impotencia computacional del ordenador cuántico y proporcionar unidad y protección de la información a largo plazo. En la toma de decisiones, la unidad de información es crucial en el reino de la IA, el Blockchain y la computación cuántica para garantizar una predicción precisa, mantener la confianza en la red Blockchain y proteger la información sensible de los ataques cuánticos. Conseguir la unidad de información implica técnicas como la prueba de información, la limpieza de información, la auditoría en la IA, el mecanismo de consenso y la firma digital en la cadena de bloques, y el esquema de codificación resistente a la cuántica en la época de la informática cuántica. Dando prioridad a la unidad de la información y aplicando medidas sólidas para garantizar su veracidad, fiabilidad y consistencia, podemos aprovechar todo el potencial de esta tecnología, manteniendo la confianza y la protección de nuestro universo digital.

# INTERMEDIARIOS REDUCIDOS

El mediador reducido es otra ventaja significativa que surge de la integración del servicio de inteligencia artificial, el Blockchain y la informática cuántica. Los mediadores tradicionales, como los bancos, los agentes y los abogados, desempeñan una función crucial a la hora de facilitar diversas actas y hacer cumplir los acuerdos. Su intervención suele provocar retrasos, un aumento de los costes y un peligro potencial asociado al error humano. Con la ejecución de estas tecnologías avanzadas, la demanda de mediadores disminuye significativamente, lo que da lugar a un procedimiento ágil y eficaz. En primer lugar, el servicio de inteligencia artificial puede revolucionar la esfera financiera reduciendo lo esencial para los bancos y los agentes. El algoritmo impulsado por la IA puede analizar de forma autónoma una gran cantidad de información, lo que permite tomar decisiones en tiempo real y realizar predicciones precisas. Esto elimina la necesidad de un agente humano que pueda introducir prejuicios o ineficacia en el procedimiento comercial. El contrato inteligente impulsado por la IA puede automatizar y hacer cumplir el acuerdo, reduciendo la confianza en los bancos para el servicio de custodia. Esto no sólo acelera los minutos, sino que también proporciona un mecanismo químico más procurador y cristalino para llevar a cabo la interacción financiera. La ingeniería Blockchain extingue aún más al mediador creando un esquema descentralizado y seguro para registrar y verificar las minutas. Tradicionalmente, los mediadores, como los bancos y los abogados, tienen que dar validez y sello a varias actas. Con

Blockchain, cada negociación se almacena de forma segura en un Leger distribuido que es transparente y a prueba de manipulaciones. Esto elimina la necesidad de que los mediadores garanticen la autenticidad de las actas, ya que la propia cadena de bloques proporciona esta garantía. Como consecuencia, la ingeniería de la cadena de bloques reduce los costes, mejora la eficacia y aumenta la confianza entre los participantes, lo que en última instancia hace que el mediador sea redundante en muchos escenarios. La informática cuántica tiene el potencial de revolucionar la protección de la información y los privados, que tradicionalmente mantienen mediadores como el servicio de codificación y el gobierno. Los ordenadores cuánticos, con su potencia de cálculo exponencialmente superior, pueden descifrar códigos de codificación actualmente indescifrables, poniendo en peligro la información sensible. La computación cuántica también puede ofrecer una respuesta a este trabajo proporcionando un sistema criptográfico aplicable. Con la codificación cuántica, la información puede transmitirse y almacenarse de forma segura sin necesidad de un mediador que garantice la confidencialidad. Esto elimina la vulnerabilidad potencial introducida por el mediador y reduce el peligro de violación de la información y de entrada no autorizada. La informática cuántica puede mejorar a los privados al permitir la prueba de conocimiento cero, un concepto criptográfico que permite a una parte validar la autenticidad de su declaración sin revelar ninguna información sensible. Esto significa que la persona puede demostrar la posesión o la fabricación sin revelar información interna específica, protegiendo a sus corsarios al tiempo que garantiza la confianza entre los participantes. Esta ingeniería tiene amplias deducciones más allá de los particulares, ya que puede aplicarse en diversos sectores, como la sanidad y las finanzas, donde los mediadores suelen manejar información sensible e información personal. La integración de servicios de inteligencia artificial, Blockchain y computación cuántica conduce a una reducción significativa de los mediadores en diversos sectores. Utilizando algoritmos de IA y contratos inteligentes, las empresas pueden automatizar y agilizar las actas, reduciendo la confianza en los bancos y los agentes. La ingeniería de la cadena de bloques elimina la necesidad de un mediador para autenticar las actas, proporcionando un entorno seguro y de confianza para los participantes. La computación cuántica ofrece un sistema criptográfico avanzado que mejora la protección de la información y los privados, haciendo innecesario un mediador como el servicio de codificación. La eliminación de los mediadores mediante la aplicación de estas tecnologías avanzadas no sólo reduce los costes y aumenta la eficacia, sino que también fomenta la transparencia, la confianza y los corsarios en diversos sectores del sistema económico. A medida que esta tecnología siga evolucionando y madurando, se espera que su impacto en la reducción de mediadores aumente aún más, allanando el camino para un futuro más descentralizado y racionalizado.

# PROBLEMAS DE ESCALABILIDAD

El problema de la escalabilidad es un asunto crítico en los campos de la IA, la cadena de bloques y la informática cuántica. A medida que esta tecnología sigue avanzando e impregnando diversos sectores, la demanda de manejar grandes cantidades de información y cálculos se hace cada vez más evidente. En la IA, los problemas de escalabilidad surgen cuando el sistema es incapaz de procesar eficientemente grandes conjuntos de datos o de gestionar simultáneamente un número creciente de usuarios. Esto puede obstaculizar la presentación pública y la eficacia del algoritmo de IA, provocando una multiplicación más lenta de las reacciones y una disminución de la verdad. En el contexto lingüístico de Blockchain, el problema de la escalabilidad surge debido a la naturaleza descentralizada de la ingeniería. A medida que se añaden más actas a la Blockchain, la red puede congestionarse, lo que da lugar a una multiplicación de la verificación más larga y a un aumento de la tarifa de transacción. El tamaño de la propia Blockchain sigue creciendo, lo que hace cada vez más difícil que un nuevo nodo se una a la web o mantenga una transcripción completa del Leger. En informática cuántica, el problema de la escalabilidad se deriva de la naturaleza compleja y delicada del sistema cuántico. Los ordenadores cuánticos son muy sensibles a las perturbaciones del entorno, por lo que resulta difícil escalar su arquitectura manteniendo el grado necesario de estancamiento y coherencia. El algoritmo cuántico suele requerir una cifra exponencial de qubits para resolver un determinado problema, lo que plantea un importante reto de ironware debido a la naturaleza frágil de los qubits. Los problemas de escalabilidad son una preocupación acuciante en estos campos emergentes, y abordarlos será esencial para la aceptación y promoción generalizadas de la IA, el Blockchain y la tecnología de computación cuántica.

El potencial de la integración de la IA, la ingeniería de cadenas de bloques y la informática cuántica alberga inmensas esperanzas para el futuro. A medida que la capacidad y la aplicación de la IA continúan expandiéndose, la demanda de un sistema más seguro y transparente se hace cada vez más evidente. La ingeniería de cadenas de bloques, con su naturaleza descentralizada e inmutable, ofrece una respuesta potencial a esta preocupación de protección y transparencia. Al incorporar la IA al sistema Blockchain, se puede implementar un procedimiento de toma de decisiones más eficiente e inteligente, mejorando aún más la funcionalidad y eficacia general de dicho sistema. Un país en el que la integración de la IA y la ingeniería de Blockchain puede tener un impacto significativo es en la dirección de la concatenación de suministros. Los proveedores suelen ser redes complejas en las que intervienen múltiples partes y procedimientos, lo que dificulta el seguimiento y la verificación de cada transacción o interacción fundamental. Esta complejidad puede provocar ineficacia, retrasos y un aumento de los costes. La ingeniería Blockchain puede proporcionar un Leger cristalino e inmutable que registre todos los minutos e interacciones en tiempo real, permitiendo una trazabilidad y responsabilidad más sencillas. La gran cantidad de información generada dentro de los hierros de provisión puede ser abrumadora, lo que dificulta su análisis y la extracción de penetración significativa.

Aquí es donde entra en juego la IA. El algoritmo de IA puede analizar la vasta suma de información almacenada en la Blockchain y ubicar la forma, la tendencia y la anomalía. Aplicando una sencilla técnica de aprendizaje automático, la IA puede aprender de la información pasada y hacer predicciones o recomendaciones, mejorando la eficiencia, veracidad y eficacia del procedimiento de toma de decisiones. Por ejemplo, la IA puede ayudar a identificar una posible constricción o área de mejora dentro de la concatenación de provisiones, lo que conduce a una medida proactiva y a unas operaciones comerciales más ágiles. Otro país en el que la integración de la IA y la ingeniería de cadenas de bloques puede tener consecuencias transformadoras es el sector sanitario. El ámbito de la atención sanitaria genera una enorme cantidad de información sensible sobre funciones afectadas, que debe almacenarse, compartirse y a la que deben acceder de forma segura las partes autorizadas. Los sistemas tradicionales de almacenamiento centralizado son vulnerables a la filtración de datos y a los intentos de pirateo, lo que compromete la privacidad y la protección de los pacientes. La ingeniería de la cadena de bloques puede descentralizar y distribuir el almacén de información sobre roles afectados, garantizando que ninguna entidad tenga el control total de la información. El uso de contratos inteligentes en la Blockchain puede automatizar y agilizar el procedimiento administrativo, reduciendo costes y mejorando la eficiencia. Cuando la IA se aplica a la información sanitaria almacenada en la Blockchain, surgen inmensas posibilidades. El algoritmo de IA puede analizar la información del paciente para identificar la forma, detectar el signo temprano de la enfermedad y predecir el resultado de la intervención. Esto puede conducir a una intervención sanitaria más precisa y personalizada, mejorando el resultado para el paciente y reduciendo el coste de la asistencia sanitaria. La IA puede ayudar en la investigación médica analizando una enorme suma de información sobre el papel de los afectados para identificar tendencias o correlaciones que puedan conducir al descubrimiento de nuevas penetraciones o intervenciones. La integración de la IA y la ingeniería Blockchain en la atención sanitaria tiene el potencial de revolucionar la fabricación y transformar la forma en que se presta y gestiona la atención sanitaria. La integración de la informática cuántica con la IA y la ingeniería de Blockchain abre aún más posibilidades de invención y promoción. La informática cuántica, con su poder para procesar grandes sumas de información de forma analógica, puede mejorar significativamente la impotencia computacional del algoritmo de IA. Esto puede conducir a un modelo de IA más sofisticado y preciso, capaz de manejar problemas complejos que, de otro modo, serían intratables con la informática clásica. El criptoanálisis cuántico, un subcampo de la informática cuántica, puede abordar la preocupación por la protección de la ingeniería del Blockchain. El sistema criptográfico cuántico aprovecha el principio del mecanismo cuántico para proporcionar un canal de comunicación de seguridad demostrable. Esto puede eliminar potencialmente la vulnerabilidad del sistema criptográfico tradicional y proporcionar un grado aún mayor de protección a la red Blockchain. En decisión, la integración de la IA, la ingeniería de Blockchain y la computación cuántica alberga inmensas esperanzas para el futuro. El potencial de aplicación es de gran alcance, desde mejorar la dirección de la concatenación de provisiones y revolucionar la atención sanitaria hasta proporcionar un grado de protección y privacidad sin parangón en la red Blockchain. A medida que esta tecnología siga evolucionando y madurando, es crucial que los investigadores, desarrolladores y responsables políticos colaboren y garanticen la ejecución responsable y ética de esta tecnología. Con una circunstancia cuidadosa y una medida proactiva, la integración de la IA, la ingeniería Blockchain y la computación cuántica puede transformar verdaderamente la industria e impulsar la invención en la vejez venidera.

# IV. COMPUTACIÓN CUÁNTICA

Informática cuántica La informática cuántica ha surgido como un prometedor campo de batalla que tiene el potencial de revolucionar diversos aspectos de la disciplina científica, la ingeniería e incluso el club como unidad. A diferencia del ordenador clásico, que se basa en dígitos binarios o puntos, el ordenador cuántico utiliza qubits, que pueden existir en un principio de superposición de estado, gracias al principio del mecanismo cuántico. Esta pertenencia permite al ordenador cuántico manejar cálculos complejos a una velocidad y eficacia sin precedentes, resolviendo potencialmente problemas que actualmente se consideran intratables para el ordenador clásico. La potencia de la informática cuántica reside en su poder para aprovechar la propiedad única del mecanismo cuántico, como el entrelazamiento y el principio de superposición, para realizar cálculos. El entrelazamiento hace referencia al fenómeno por el que dos o más qubits se interconectan, de modo que la provincia de un qubit afecta a la provincia de los demás qubits, independientemente de la longitud entre ellos. Esta pertenencia permite al ordenador cuántico realizar cálculos paralelos y procesar grandes cantidades de información simultáneamente, lo que supone una aceleración significativa en la resolución de determinados problemas, como la factorización de grandes números o la simulación de sistemas cuánticos. La superposición, por otro lado, permite que los qubits existan en varios estados simultáneamente. Esto significa que, mientras que un punto clásico sólo puede representar un 0 o un 1, un qubit puede representar una combinación de 0 y

1, lo que se conoce como principio cuántico de superposición. Al manipular y medir qubits en un principio de superposición, el ordenador cuántico puede explorar múltiples posibilidades simultáneamente y llegar a la respuesta óptima mucho más rápido que el ordenador clásico mediante un procedimiento conocido como correspondencia cuántica. A pesar del prometedor potencial de la informática cuántica, el campo de batalla está aún en su fase inicial y se enfrenta a numerosos retos. Uno de los principales obstáculos es el número de qubits estancados y la decoherencia. Los qubits son muy sensibles a las disonancias y perturbaciones del entorno, que pueden hacer que pierdan su propiedad cuántica y se postren en el punto clásico. Esto hace que sea extremadamente difícil mantener la unidad de la información cuántica durante un largo periodo de tiempo, lo que dificulta la viabilidad y escalabilidad del sistema de computación cuántica. Los investigadores están explorando activamente varios métodos para mitigar la decoherencia, como el código de rectificación de errores y diferentes arquitecturas de qubits, para mejorar la estabilidad y fiabilidad de los qubits. Otro conflicto en la informática cuántica es la falta de una máquina de computación cuántica universal, capaz de realizar una amplia gama de tareas. En la actualidad, la mayoría de los ordenadores cuánticos se limitan a operaciones comerciales específicas y no son lo bastante versátiles para realizar cálculos complejos. Esto se debe principalmente a los problemas para alcanzar y mantener el grado necesario de coherencia de renuncia y condición de control, así como a la deficiencia del mecanismo de rectificación de errores. En los últimos años se han realizado avances significativos, con la evolución del ordenador cuántico recocido y el ordenador cuántico con modelo de puerta, que pueden realizar tareas más versátiles. Sigue siendo un campo de investigación en curso desarrollar una máquina de computación cuántica universal lingüística escalable y tolerante a fallos que pueda superar la capacidad del ordenador clásico. A pesar de estos retos, la informática cuántica tiene potencial para revolucionar diversos campos. Una de las aplicaciones más prometedoras de la informática cuántica es el criptoanálisis. Los ordenadores cuánticos tienen el poder de romper muchos de los algoritmos de codificación de clave pública que se utilizan normalmente, explotando su mayor impotencia computacional, lo que supone una amenaza significativa para la protección de la información sensible. La informática cuántica también ofrece una solución potencial a esta tarea mediante la evolución de algoritmos de codificación resistentes a los ataques cuánticos. Además del criptoanálisis, la informática cuántica también puede tener un profundo impacto en los problemas de optimización, la simulación informática de sistemas complejos, el hallazgo de dosis y la adquisición de máquinas simples. Debido a la aceleración exponencial que proporciona la correspondencia cuántica, el ordenador cuántico puede resolver eficazmente problemas de optimización que son cruciales en diversos ámbitos, como la logística, las finanzas y la dirección de concatenación de provisiones. El ordenador cuántico puede simular el comportamiento del sistema cuántico con un alto grado de veracidad, lo que permite a los científicos estudiar y comprender fenómenos cuánticos complejos que actualmente están fuera del alcance del ordenador clásico. Esto abre nuevas posibilidades para la expedición geográfica de materiales, fármacos y reacciones químicas. La computación cuántica también puede mejorar el algoritmo de aprendizaje automático simple, proporcionando un método más eficaz para procesar y analizar la gran información. El algoritmo de aprendizaje automático simple cuántico tiene el potencial de transformar diversos sectores, como la sanidad, las finanzas y el sistema de transporte, al permitir una predicción y un procedimiento de toma de decisiones más rápidos y precisos. En decisión, la informática cuántica alberga enormes esperanzas de revolucionar diversos aspectos de la disciplina científica, la ingeniería y el club. La propiedad única del mecanismo cuántico, como la red y el principio de superposición, permiten al ordenador cuántico realizar cálculos complejos a una velocidad y eficacia sin precedentes. Aún quedan importantes retos por superar, como el estancamiento de la renuncia y la deficiencia de una máquina de cálculo cuántico universal. No obstante, la aplicación potencial de la informática cuántica en el criptoanálisis, la optimización, la simulación informática, el hallazgo de dosis y el aprendizaje automático simple la convierten en un campo de batalla apasionante y en rápida evolución, con potencial para remodelar el futuro.

# VISIÓN GENERAL DE LA COMPUTACIÓN CUÁNTICA

La informática cuántica representa un desplazamiento de paradigma en el campo de batalla de la disciplina científica de las máquinas de computación. A diferencia de los ordenadores clásicos, que funcionan mediante puntos, que pueden representar un 0 o un 1, los ordenadores cuánticos utilizan qubits, que pueden existir en un principio de superposición de ambos estados simultáneamente. Esto les permite realizar cálculos de forma analógica y aumentar exponencialmente su potencia de proceso. Además del principio de la regla de superposición, el ordenador cuántico también explota la concepción de red, por la que el estado de múltiples qubits se correlaciona y se vuelven interdependientes entre sí. Esta propiedad única de la informática cuántica puede revolucionar diversos campos, como el criptoanálisis, la optimización y la adquisición de máquinas simples. Una de las aplicaciones más significativas de la informática cuántica es en el campo de batalla del criptoanálisis. Con la llegada de los potentes ordenadores clásicos, muchos esquemas de codificación que antes se consideraban seguros son ahora vulnerables a los ataques de fuerza bruta. El ordenador cuántico tiene el poder de romper estos esquemas de codificación utilizando algoritmos como la regla algorítmica de Shor, que puede factorizar eficazmente grandes Números. Esto supone una amenaza significativa para la protección del sistema de comunicación actual y de las actas digitales. La informática cuántica también puede aportar una solución a este trabajo mediante la evolución de algoritmos de codificación resistentes a la cuántica, como el criptoanálisis basado en celosías y el criptoanálisis multivariante. Estos algoritmos compran los complejos computacionales de determinados problemas matemáticos para proporcionar una protección robusta contra los ataques clásicos y cuánticos. El protocolo de distribución estadística de claves cuánticas (QKD), como el protocolo de comunicaciones BB84, puede permitir una comunicación segura aprovechando el principio del mecanismo cuántico para detectar cualquier escucha en el intento. Integrando la informática cuántica en el campo de batalla del criptoanálisis, es posible tanto mejorar la protección como abordar la vulnerabilidad impuesta por la informática cuántica. Otro campo de batalla que puede beneficiarse de la informática cuántica es la optimización. Muchos problemas del mundo real, como la programación, la logística y la asignación de recursos, implican una gran cantidad de variables y restricciones, lo que hace que sean difíciles de resolver computacionalmente con un ordenador clásico. La informática cuántica ofrece la potencialidad de proporcionar una solución más eficiente y eficaz a este problema de optimización. Aplicando un algoritmo cuántico, como la regla algorítmica de optimización aproximada cuántica (AOA) o la regla algorítmica de recocido cuántico, es posible explorar un infinito de búsqueda mayor de posibles soluciones e identificar la respuesta óptima o casi óptima con mayor rapidez. Esto tiene importantes deducciones para la industria, como el sistema de transporte, las finanzas y la dirección de concatenación de provisiones, donde incluso una mejora marginal de la eficacia y el valor monetario puede reportar un beneficio significativo. La adquisición de máquinas es otro campo que puede revolucionar la informática cuántica. Los

144

algoritmos tradicionales de adquisición de máquina simple, como la máquina transmisora de refuerzo y la red neuronal, suelen enfrentarse a desafíos cuando tratan con grandes conjuntos de datos y problemas complejos. La adquisición de máquina simple cuántica (QML) pretende aprovechar la propiedad única del ordenador cuántico para superar estos retos y desbloquear una nueva capacidad en el reconocimiento de patrones, la optimización y el pensamiento analítico de la información. Los algoritmos cuánticos, como la máquina simple transmisora de refuerzo cuántico y el algoritmo variacional cuántico, han mostrado esperanzas en abordar estos problemas y mejorar la presentación pública del modelo de adquisición de máquina simple. Aprovechando la impotencia de la informática cuántica, se hace posible desarrollar un modelo de adquisición de máquina simple más exacto y eficiente, avanzando en la capacidad del servicio de inteligencia artificial y abriendo nuevas oportunidades en campos como el hallazgo de dosis, el reconocimiento de imágenes mentales y el proceso de comunicación lingüística natural. A pesar de la inmensa potencialidad de la informática cuántica, existen importantes retos que deben superarse antes de su aceptación generalizada. Uno de los principales conflictos radica en la evolución de qubits fiables y escalables. Los sistemas cuánticos son muy susceptibles al ruido y a los errores causados por las perturbaciones del entorno, que pueden degradar rápidamente la presentación pública del ordenador cuántico. Las técnicas de rectificación de errores, como el código cuántico de rectificación de errores y la informática cuántica tolerante a fallos, son esenciales para mantener la unidad y la fiabilidad del cálculo cuántico. Para construir un ordenador cuántico capaz de resolver problemas complejos del mundo real, son necesarios avances significativos en la ferretería cuántica, como la mejora de la coherencia qubit y la reducción de los efectos personales de la decoherencia. La escalabilidad del algoritmo cuántico y su integración con el sistema informático clásico son cruciales para la ejecución práctica. El intento de colaboración entre el mundo académico, la industria y las autoridades es esencial para abordar estos retos y acelerar la evolución y realización de un sistema informático cuántico práctico. En decisión, la informática cuántica representa una promoción innovadora en el campo de batalla de la disciplina científica de las máquinas de computación. El poder de manipular qubits en principio de superposición y entrelazar su estado ofrece una potencia computacional sin precedentes y el potencial de resolver problemas complejos con mayor eficacia. La aplicación de la informática cuántica es diversa, y va desde el criptoanálisis y la optimización hasta la simple adquisición de máquinas. Deben superarse importantes retos antes de que pueda materializarse todo el potencial de la informática cuántica. Con la investigación continua y la promoción tecnológica, la informática cuántica tiene el potencial de revolucionar diversas industrias y dar forma al futuro de los servicios de inteligencia artificial, Blockchain y la informática como unidad.

# PRINCIPIOS CLAVE DE LA COMPUTACIÓN CUÁNTICA

Principio clave de la informática cuántica La informática cuántica es un revolucionario ataque al cálculo que aprovecha el principio del mecanismo cuántico para realizar cálculos a una velocidad y con una eficacia sin precedentes. Hay varios principios clave que sustentan el funcionamiento del ordenador cuántico, cada uno de los cuales contribuye a la inmensa potencia que esta máquina posee. Ante todo, el ordenador cuántico se basa en la concepción fundamental del principio de superposición. A diferencia del punto clásico, que sólo puede representar un valor económico de 0 ó 1, el punto cuántico, o qubits, puede existir en un principio de superposición de ambos estados simultáneamente. Esto significa que una quita puede tener un valor económico de 0 y 1 al mismo tiempo, representando todas las combinaciones posibles de 0 y 1. Estas pertenencias del principio de superposición permiten al ordenador cuántico realizar muchos cálculos de forma analógica, aumentando exponencialmente su potencia de cálculo en comparación con el ordenador clásico. Otra regla crucial de la informática cuántica es el entrelazamiento. El entrelazamiento se produce cuando dos o más qubits se enlazan de tal manera que la provincia de un qubit depende de la provincia de otro, independientemente de la longitud física entre ellos. Esto significa que la provincia de un qubit no puede describirse independientemente de los otros qubits con los que está enredado. En consecuencia, el uso de un qubit puede afectar instantáneamente al estado de los qubits entrelazados, aunque estén separados por una gran distancia. Estas pertenencias de la red permiten al ordenador cuántico realizar cálculos complejos aprovechando la interconexión de los qubits y explotando su núcleo de relatividad. El ordenador cuántico se basa en el concepto de intervención cuántica. La intervención cuántica hace referencia al fenómeno en el que la amplitud de azar asociada al estado cuántico de los qubits puede interferir de forma constructiva o destructiva, dependiendo de su fase relativa. Esta intervención permite al ordenador cuántico explotar la naturaleza ondulatoria del sistema cuántico y manipular los qubits para potenciar o suprimir determinado resultado. Tecnificando cuidadosamente la intervención entre qubits, el ordenador cuántico puede amplificar la probabilidad de obtener la respuesta correcta a un cálculo y reducir simultáneamente la probabilidad de obtener una solución incorrecta. La regla de la correspondencia cuántica es fundamental para el funcionamiento del ordenador cuántico. La correspondencia cuántica hace referencia al poder del ordenador cuántico para explorar múltiples caminos simultáneamente y calcular sobre todas las señales de entrada posibles de forma concurrente en lugar de secuencial. Mientras que el ordenador clásico requiere una iteración que requiere mucho tiempo para probar todas las combinaciones posibles de la señal de entrada, el ordenador cuántico puede calcular la consecuencia de un cálculo determinado evaluando todas las señales de entrada posibles simultáneamente. Esta correspondencia acelera enormemente la velocidad a la que se puede realizar el cálculo, lo que hace que el ordenador cuántico sea muy eficaz para resolver problemas complejos exponencialmente más rápido que el ordenador clásico. Una regla clave de la informática cuántica es la concepción de la decoherencia cuántica. La decoherencia cuántica hace referencia a la privación de coherencia cuántica en un esquema cuántico debido a la interacción con su entorno. Cuando un esquema cuántico se vuelve coherente, su provincia cuántica colapsa a una provincia clásica, destruyendo efectivamente la delicada información cuántica que se estaba procesando. La decoherencia cuántica plantea una importante disputa a la evolución y escalabilidad del ordenador cuántico, ya que limita el clip durante el cual el cálculo cuántico puede realizarse con precisión. En consecuencia, se está intentando ampliamente desarrollar una técnica de corrección de errores y minimizar los efectos personales de la decoherencia en orden de magnitud para que la informática cuántica sea más fiable y práctica. En decisión, la informática cuántica se fundamenta en un ejercicio conjunto de principios clave que la diferencian de la informática clásica y permiten su extraordinaria impotencia computacional. Los principios de superposición, red, intervención cuántica, correspondencia cuántica y decoherencia cuántica funcionan en armonía para facilitar el uso y el proceso de la información cuántica. Este principio permite al ordenador cuántico resolver problemas complejos de forma exponencialmente más rápida y eficaz que el ordenador clásico, lo que supone un descubrimiento prometedor en diversos campos, como el criptoanálisis, la optimización y el hallazgo de dosis. A medida que se intensifique nuestra comprensión del mecanismo cuántico y siga avanzando la tecnología cuántica, es probable que se haga realidad la potencialidad de la informática cuántica, revolucionando la capacidad del servicio de inteligencia artificial, el Blockchain y muchas otras aplicaciones en el futuro.

# SUPERPOSICIÓN

La superposición, primera regla del mecanismo cuántico, menciona el poder del sistema cuántico de existir en varios estados simultáneamente. Esta concepción desafía nuestra comprensión clásica del mundo, que afirma que un objeto físico sólo puede existir en una provincia a la vez. En un principio de superposición, un átomo puede estar en una provincia de ser y no ser al mismo tiempo, hasta que se mide y colapsa en una sola provincia. Este fenómeno tiene profundas deducciones para el campo de batalla de la informática cuántica, ya que permite el proceso paralelo de información. La superposición tiene su origen en la dicotomía onda-partícula del sistema cuántico. Según la hipótesis cuántica, el átomo puede presentar propiedades tanto de onda como de partícula. Las ondas pueden existir en un ámbito de estados, en el que cada provincia tiene una determinada probabilidad de ser medida. Esta probabilidad está representada por una función de onda, que describe la provincia cuántica de un átomo. Cuando se realiza una medición, la función de onda colapsa en uno de sus estados posibles, y el átomo se observa en una provincia definida. La concepción del principio de superposición se ilustró célebremente mediante la experimentación de la doble rendija. En esta experimentación, se dirige un haz de luz visible o una corriente de átomo a una barricada con dos rendijas. Detrás de la barricada, una pantalla de plata registra la forma del átomo que pasa por la rendija. En la filosofía natural clásica, cabría esperar observar dos conjuntos distintos de átomos en la pantalla de plata, correspondientes a las dos rendijas. En el reino cuántico ocurre algo diferente. Cuando los átomos se disparan individualmente a través de la rendija, muestran una forma de intervención en la pantalla de plata, como si se agitaran. Esta forma de intervención se explica por el principio de superposición de estados múltiples del átomo. Cada átomo pasa simultáneamente por las dos rendijas, interfiriendo consigo mismo y creando una forma de intervención en la pantalla de plata. La superposición constituye la base del cálculo cuántico. A diferencia del punto clásico, que puede estar en una provincia de 0 o 1, el punto cuántico, o qubits, puede existir en un principio de superposición de 0 y Esto significa que un qubit puede representar ambos estados al mismo clip, lo que permite exponencialmente más posibilidades de cálculo. Por ejemplo, un esquema de n qubits puede representar $2^n$ estados simultáneamente, mientras que el punto clásico sólo puede representar una provincia a la vez. La superposición permite al ordenador cuántico realizar cálculos complejos mucho más rápido que el ordenador clásico. Al utilizar algoritmos cuánticos como la regla algorítmica de Shor para factorizar números grandes, el ordenador cuántico tiene el potencial de romper el sistema criptográfico actual, amenazando la protección de la comunicación digital. La simulación por ordenador cuántico de sistemas físicos, como la reacción química o la propiedad de las cosas, podría revolucionar campos como la búsqueda de dosis y la disciplina científica de los materiales. El principio de superposición es una provincia delicada que puede desbaratarse fácilmente por la interacción con el entorno, un procedimiento conocido como decoherencia. La decoherencia hace que la función de onda colapse en una sola provincia, destruyendo la propiedad cuántica del esquema. Esto plantea una importante disputa para la realización práctica del ordenador cuántico, ya que mantener el frágil principio de provincia de superposición es crucial para sus operaciones comerciales. Se está intentando superar el número de decoherencias y ampliar el clip de coherencia del sistema cuántico. Un ataque consiste en utilizar códigos de rectificación de errores, similares a los utilizados en los ordenadores clásicos, para proteger la información cuántica de los errores causados por la decoherencia. Otro ataque consiste en utilizar qubits topológicos, que son más robustos contra la decoherencia debido a su cubierta protectora cuántica inherente. En decisión, el principio de superposición es una regla fundamental del mecanismo cuántico que permite al sistema cuántico existir en múltiples estados simultáneamente. Esta concepción desafía nuestra aprehensión clásica del mundo y constituye la base de la informática cuántica. Aprovechando la impotencia del principio de superposición, el ordenador cuántico tiene el potencial de resolver problemas complejos a una velocidad sin precedentes. La realización práctica del ordenador cuántico se enfrenta a retos como la decoherencia, que deben superarse para aprovechar plenamente la impotencia del principio de superposición. A pesar de estos retos, el principio de superposición sigue siendo un concepto exacto y prometedor con amplias deducciones para el futuro de la informática y la ingeniería.

# ENTRELAZAMIENTO

En el reino de la informática cuántica, uno de los fenómenos más intrigantes y fundamentales es el entrelazamiento. El entrelazamiento es el fenómeno en el que dos o más átomos se interconectan de tal manera que la provincia de un átomo no puede describirse independientemente de la provincia del otro átomo, independientemente de la longitud entre ellos. Es una característica única del mecanismo cuántico que desafía las corazonadas clásicas y tiene deducciones de gran alcance para diversos campos, como el servicio de inteligencia artificial y la ingeniería Blockchain. En su núcleo, el entrelazamiento tiene su origen en el principio de la regla de superposición, que permite al sistema cuántico existir en múltiples estados simultáneamente. Cuando dos o más átomos, como un fotón o un electrón, se acercan e interactúan entre sí, su estado cuántico puede entrelazarse. Este entramado no es como cualquier conexión ordinaria; es un núcleo misterioso y no local de relatividad que supera nuestra aprehensión clásica de la razón y la consecuencia. Incluso cuando están separados por una gran distancia, los átomos entrelazados muestran una correlación instantánea, como si siguieran íntimamente conectados. El concepto de red fue introducido por primera vez por el príncipe Albert Einstein, Boris Pools y Nathan Rose en la famosa paradoja EPR (Einstein-Podolsky-Rosen). Les preocupaba la deducción de red, ya que parecía violar la regla de la vecindad y desafiaba el pensamiento de una existencia determinista. En su experimento mental, imaginaron que se creaban y separaban dos átomos entrelazados, y que cada átomo era observado por un perceptor distinto. Según el mecanismo cuántico, la medición de la provincia de un átomo determinaría instantáneamente la provincia del otro átomo, independientemente de la longitud entre ellos. Esta aparente falta a la velocidad de la luz visible llevó a Albert Einstein a describir célebremente la web como "actividad fantasmagórica en una longitud". Desde entonces, la red se ha confirmado experimentalmente mediante diversos ensayos y se ha convertido en un recurso esencial para la tecnología cuántica. Una de las presentaciones más impresionantes de la red se produjo en 2012, cuando un científico de la universidad de la capital austriaca consiguió entrelazar dos átomos separados por una longitud de 1,3 kilómetros. Aprovechando el fenómeno de la red, los investigadores están explorando el potencial de la red de comunicación cuántica, que permitiría la transmisión segura de información a larga distancia sin temor a ser escuchada. El entrelazamiento permite el teletransporte cuántico, un procedimiento en el que la provincia de un átomo se transfiere de un lugar a otro, sin atravesar físicamente el infinito intermedio. La deducción del entrelazamiento se amplía más allá del reino de la informática y la comunicación cuánticas. El campo de batalla del servicio de inteligencia artificial también está empezando a aprovechar la red para una técnica computacional novedosa. En el ordenador clásico, la información se procesa en forma de palabras binarias, representadas por puntos que pueden ser 0 o 1. En el ordenador cuántico, la información se procesa en qubits, que pueden existir en un principio de superposición de 0 y 1 simultáneamente. Este principio de superposición permite el cálculo en paralelo, lo que permite al ordenador cuántico resolver determinados problemas mucho más rápido que el ordenador clásico. La Web desempeña una función crucial en el algoritmo cuántico, como la regla algorítmica de Shor, que es capaz de factorizar grandes Números exponencialmente más rápido que el algoritmo clásico. Esta regla algorítmica supone una amenaza importante para la protección del método de codificación actual, ya que puede romper la estrategia de codificación RSA, ampliamente utilizada. Aprovechando la impotencia de la web, el ordenador cuántico podría revolucionar potencialmente el campo de batalla del criptoanálisis y remodelar la pintura del paisaje de la ciberseguridad. La web también ha encontrado aplicación en la ingeniería Blockchain, la ingeniería subyacente tras criptodivisas como Bitcoin. Blockchain confía en la técnica criptográfica para garantizar la protección y unidad de las actas y mantener un Leger distribuido que sea resistente a la manipulación. Con la llegada del ordenador cuántico, el método criptográfico actual utilizado en Blockchain puede volverse vulnerable a los ataques. Al incorporar el método de criptoanálisis cuántico basado en el entrelazamiento, puede ser posible mejorar la protección del sistema Blockchain y protegerse contra la futura amenaza cuántica. En decisión, la red es un fenómeno fascinante y fundamental en el mecanismo cuántico que desafía las corazonadas clásicas. Tiene increíbles deducciones para diversos campos, como el servicio de inteligencia artificial y la ingeniería de Blockchain. Desde posibilitar la obtención de una red de comunicación cuántica hasta revolucionar la impotencia computacional del ordenador cuántico, el entrelazamiento ofrece una mirada a la potencialidad sin explotar de la tecnología cuántica. A medida que se intensifique nuestra comprensión de la red, podremos descubrir nuevas posibilidades que

157

transformarán la forma en que procesamos la información e interactuamos con el universo circundante.

# BITS CUÁNTICOS (QUBITS)

El bit cuántico, o qubit, es una concepción fundamental dentro del reino de la informática cuántica y desempeña una función crucial en el aprovechamiento de la impotencia del proceso de información cuántica. A diferencia de los puntos clásicos, que codifican la información en forma de palabras binarias (0 ó 1), los qubits existen en un principio de superposición de estados, lo que permite un ámbito de posibilidades más amplio. Este principio de superposición surge de la aplicación práctica del principio de mecanismo cuántico, como la regla del principio de superposición y el fenómeno de la red cuántica. En la informática clásica, el punto es la unidad básica de medida del proceso de información, representado por un estado eléctrico o físico que puede ser 0 o Estos puntos se procesan a través de puertas lógicas, permitiendo la ejecución de algoritmos y cálculos. Los Qubits difieren significativamente de los puntos clásicos porque aprovechan el fenómeno cuántico, que les permite mantener varios estados simultáneamente. En el sistema informático cuántico, los qubits pueden realizarse utilizando diversos sistemas físicos, como iones atrapados, circuitos superconductores, o incluso codificarse en el estado de un átomo o fotón individual. Independientemente de la ejecución física, la faceta clave de los qubits reside en su poder para existir en el principio de estado de superposición, donde pueden ser simultáneamente 0 y Estas pertenencias permiten al ordenador cuántico procesar una mayor suma de información simultáneamente, proporcionando potencialmente una aceleración exponencial en comparación con la informática clásica. El principio de superposición de qubits tiene su origen en la regla del principio de superposición, que establece que un esquema cuántico puede estar en una combinación de múltiples estados al mismo clip. Este fenómeno es fundamentalmente distinto del mecanismo clásico, en el que un esquema suele estar restringido a una sola provincia. En el contexto lingüístico de los qubits, esto significa que un qubit puede ocupar el estado que corresponde tanto a 0 como a 1, pero también cualquier combinación de estos estados. Por ejemplo, un qubit puede estar en una provincia que sea un 70 % 0 y un 30 % 1 simultáneamente, lo que representa un principio de superposición de estos estados. La impotencia de la informática cuántica se amplía mediante la concepción de la web cuántica. La red se produce cuando dos o más qubits se correlacionan de tal manera que la provincia de un qubit no puede describirse independientemente de las demás. Este fenómeno permite interconectar los qubits y posibilita la actividad creadora de las Puertas cuánticas, que son el peso equivalente cuántico de las Puertas del sistema lógico clásico. Las Puertas cuánticas, combinadas con el principio de superposición y la red, constituyen la base para realizar cálculos y algoritmos cuánticos. La potencialidad de los qubits en la informática cuántica reside en su poder para manipular y procesar grandes sumas de info simultáneamente. Mientras que el ordenador clásico procesa la información secuencialmente, el ordenador cuántico puede explotar la correspondencia que proporciona el principio de superposición. Esta pertenencia abre nuevas posibilidades para resolver problemas informáticos complejos que actualmente son intratables para el ordenador clásico. Aprovechar la impotencia de los qubits con-

160

lleva numerosos retos. Uno de los principales consiste en mantener la coherencia de los qubits, ya que son muy susceptibles a la disonancia y la intervención del entorno. Los qubits pueden perder rápidamente su principio de superposición y su estado de entrelazamiento, lo que se denomina decoherencia. Superar la decoherencia es una faceta crítica para construir un sistema de máquina de computación cuántica práctico y escalable. Otra controversia relativa a los qubits es el número de rectificación de errores. Pueden producirse errores durante el cálculo debido a diversos factores, como la disonancia ambiental y la imperfección de la fabricación. Para garantizar la fiabilidad del cálculo cuántico, hay que aplicar una técnica de rectificación de errores para detectarlos y corregirlos. La rectificación de errores en un sistema cuántico es intrínsecamente compleja debido a la delicada naturaleza de los qubits y al teorema de no clonación, que afirma que es imposible crear una transcripción de una provincia cuántica desconocida. En decisión, los qubits son un constituyente central de la informática cuántica, que ofrece la potencialidad de una potencia computacional dramáticamente mejorada. Mediante el principio de superposición y la red, los qubits pueden almacenar y procesar una gran cantidad de información simultáneamente, proporcionando la base para el cálculo y los algoritmos cuánticos. Los retos relacionados con el mantenimiento de la coherencia y la aplicación de la técnica de rectificación de errores siguen siendo obstáculos importantes para la realización de un sistema práctico de máquina de computación cuántica. No obstante, el campo de batalla de la computación cuántica sigue avanzando, impulsado por la investigación y la promoción tecnológica continuas, lo que nos acerca un paso más a desentrañar todo el potencial de los qubits y hacer realidad la esperanza de la informática cuántica.

# ESTADO ACTUAL DE LA INFORMÁTICA CUÁNTICA

La informática cuántica ha surgido rápidamente como una de las áreas de investigación más prometedoras dentro del campo de batalla de la ingeniería. Esta ingeniería de vanguardia tiene el potencial de revolucionar diversos sectores, desde la investigación científica hasta el molde financiero. A pesar de su inmenso potencial, la informática cuántica está aún en su fase incipiente, con muchos retos y restricciones que deben superarse antes de que pueda generalizarse. Uno de los principales retos de la informática cuántica es el número de escalabilidad. Los ordenadores tradicionales funcionan con puntos, que pueden representar un 0 o un En cambio, los ordenadores cuánticos utilizan qubits, que pueden representar tanto 0 como 1 simultáneamente debido a una pertenencia cuántica llamada principio de superposición. Esto permite al ordenador cuántico realizar cálculos masivamente paralelos, lo que puede conducir a una aceleración exponencial en determinados algoritmos. Mantener la delicada provincia cuántica de los qubits se hace cada vez más difícil a medida que aumenta la cifra de qubits, debido a la inevitable interacción fundamental con el entorno circundante. Este fenómeno, conocido como decoherencia, dificulta la construcción de ordenadores cuánticos con una gran cifra de qubits, lo que limita su potencia de cálculo. A día de hoy, los mayores ordenadores cuánticos construidos sólo tienen unas pocas decenas de qubits, lo que los hace incapaces de superar a los ordenadores clásicos en la mayoría de las tareas prácticas. Ha habido descubrimientos notables en la vejez reciente que han alimentado el optimismo en el campo de batalla. Por ejemplo, la máquina de computación cuántica de Google, llamada sicómoro, logró un hito importante en 2019 al realizar un cálculo que a un superordenador clásico le llevaría mil de vejez completar. Este experimento, denominado de dominación cuántica, supuso un importante paso adelante en la demostración de la potencialidad del ordenador cuántico. Otro obstáculo importante en la evolución de la informática cuántica es el número de rectificación de errores. Los sistemas cuánticos son extremadamente sensibles a los errores, e incluso una pequeña perturbación puede provocar la postración de la provincia cuántica. Para superar este conflicto, los investigadores están desarrollando códigos de corrección de errores que pueden proteger la provincia cuántica contra los errores. Estos códigos implican codificar la información cuántica de forma redundante y utilizar técnicas matemáticas sofisticadas para detectar y corregir los errores. Aunque se ha logrado la rectificación de errores en sistemas cuánticos a pequeña escala, la ampliación de estos sistemas corregidos de errores sigue siendo una empresa formidable. La ejecución física de qubits presenta una bóveda importante. Las qubits pueden realizarse utilizando una variedad de sistemas físicos, como circuitos superconductores, iones atrapados o estados topológicos. Cada una de estas plataformas tiene sus propias ventajas y restricciones, y los investigadores están explorando activamente distintos enfoques para mejorar la presentación pública y la escalabilidad de las qubits. Por ejemplo, Microsoft está buscando un diseño de qubits topológico, que es menos susceptible a la decoherencia y tiene el potencial de multiplicar la coherencia a largo plazo. Construir qubits prácticos que sean estables, escalables y altamente coherentes sigue siendo una gran disputa. A pesar del desafío, el campo de batalla de la informática cuántica está avanzando rápidamente, con importantes inversiones y participación tanto del mundo académico como de la fabricación. Grandes empresas de ingeniería, como IBM, google y Microsoft, están invirtiendo mucho en investigación y evolución cuánticas. Los gobiernos de todo el mundo reconocen el potencial de la informática cuántica y destinan importantes recursos a apoyar su crecimiento. Por ejemplo, Estados Unidos aprobó recientemente la ley nacional de empresa cuántica, que pretende acelerar la evolución de la tecnología cuántica y establecer un plan nacional de investigación de la disciplina científica de la informática cuántica. En decisión, aunque la informática cuántica está aún en su fase inicial, encierra un inmenso potencial para revolucionar diversos campos. A pesar del reto que suponen la escalabilidad, la rectificación de errores y la ejecución física, en la vejez reciente se han realizado avances significativos, que demuestran la potencia del ordenador cuántico. A medida que los investigadores y los ingenieros sigan ampliando los límites de la ingeniería cuántica, se prevé que el campo actual de la informática cuántica siga evolucionando, allanando el camino hacia un futuro en el que el ordenador cuántico pueda abordar problemas complejos que son inviables para el ordenador clásico.

# APLICACIONES E IMPACTO DE LA INFORMÁTICA CUÁNTICA

La aplicación y el auge de la informática cuántica encierran un gran potencial para revolucionar diversos campos debido a su poder para resolver problemas complejos a una velocidad por unidad significativamente mayor que la de los ordenadores clásicos. Una de las aplicaciones más prometedoras de la informática cuántica se encuentra en el campo de batalla del criptoanálisis. Actualmente, los algoritmos de codificación dependen de la inmensa potencia de cálculo necesaria para descifrarlos, lo que disuade eficazmente a los posibles atacantes. Con la llegada del ordenador cuántico, este algoritmo puede romperse fácilmente, dejando obsoleto el método de codificación actual. El criptoanálisis cuántico, por otro lado, ofrece una respuesta potencial a esta tarea proporcionando una codificación segura mediante el protocolo de distribución estadística de claves cuánticas. Este protocolo se basa en el principio del mecanismo cuántico para establecer un canal de comunicación seguro, garantizando que cualquier intento de escucha se detecte fácilmente. Utilizando la propiedad de la red cuántica y el principio de superposición, la distribución estadística de claves cuánticas puede proporcionar un grado de protección prácticamente inquebrantable, incluso para el ordenador cuántico. Otra aplicación práctica prometedora de la informática cuántica es en los problemas de optimización. Muchos problemas del mundo real, como la optimización de rutas, la programación y la dirección de concatenación de disposiciones, requieren encontrar una respuesta óptima entre una vasta cifra de opciones posibles. Los ordenadores clásicos tienen dificultades para resolver eficientemente este problema debido al crecimiento exponencial del clip de cálculo a medida que se suma el tamaño del trabajo. El ordenador cuántico, sin embargo, puede aprovechar su correspondencia inherente para explorar múltiples soluciones potenciales simultáneamente, acelerando significativamente el procedimiento de optimización. Esta palidez puede conducir a una mejora significativa en numerosas industrias, como la logística, el sistema de transporte y las finanzas, donde encontrar la solución más eficiente puede tener un gran impacto en el coste operativo y la presentación pública general. El campo de batalla de la búsqueda de dosis y la evolución puede beneficiarse enormemente de la impotencia de la informática cuántica. El método tradicional de búsqueda de dosis implica probar una amplia biblioteca de compuestos contra un objetivo específico para identificar un posible activador para su posterior evolución. Este procedimiento lleva mucho tiempo, es costoso y a menudo tiene consecuencias limitadas. La informática cuántica puede ayudar a simular y modelizar la interacción molecular con un grado de verdad y de artículo sin precedentes. Utilizando la simulación cuántica, los investigadores pueden profundizar en el modo en que el fármaco interactúa con la diana, lo que acelera significativamente el procedimiento de identificación del compuesto principal y la predicción de sus propiedades farmacológicas. Esta impotencia computacional puede acelerar la evolución de nuevos fármacos, conduciendo potencialmente a avances en el tratamiento de enfermedades que actualmente tienen una opción de intervención limitada, como las enfermedades neoplásicas malignas, el Alzheimer y el VIH/SIDA. La informática cuántica tiene el potencial de revolucionar la adquisición de máquinas simples y el algoritmo de servicio de inteligencia artificial. El algoritmo de aprendizaje automático simple cuántico puede aprovechar la impotencia del ordenador cuántico para procesar y analizar grandes conjuntos de datos con mayor eficacia. Esta palidez puede conducir a una predicción más precisa, una multiplicación más rápida del entrenamiento y un mejor reconocimiento de las formas. Una de las ventajas clave del aprendizaje automático simple cuántico reside en su poder para aprovechar el principio de superposición y la red para explorar múltiples soluciones potenciales simultáneamente, lo que permite una convergencia más rápida y una mejor optimización del modelo de adquisición complejo. Esto puede mejorar enormemente la capacidad del sistema de servicios de inteligencia artificial, permitiéndoles resolver problemas más complejos y tomar decisiones más precisas en tiempo real. En la toma de decisiones, la informática cuántica tiene el potencial de remodelar numerosos sectores y campos. Desde revolucionar el criptoanálisis hasta acelerar los problemas de optimización, el hallazgo de dosis y el algoritmo de adquisición de máquinas simples, el golpe de la informática cuántica es de gran alcance. Aunque la informática cuántica se encuentra todavía en su fase naciente, la investigación en curso y el intento de evolución están haciendo avanzar rápidamente el campo de batalla. A medida que la informática cuántica siga madurando y haciéndose más accesible, podemos esperar ser testigos de una promoción y aplicación aún mayores en la vejez venidera. Es importante abordar el reto asociado a la informática cuántica, como la rectificación de errores, la escalabilidad y la deducción ética de su inmensa impotencia computacional. Si superamos estos retos, podremos aprovechar todo el potencial de la informática cuántica y desbloquear una nueva época de invención tecnológica y hallazgos científicos.

# CRYPTOGRAFÍA

El criptoanálisis es una faceta fundamental de la comunicación y la protección de la información en la era digital moderna. Implica el método y la técnica utilizados para convertir la información de texto plano en información ilegible, también conocida como texto cifrado, haciéndola incomprensible para entidades no autorizadas. El algoritmo y el protocolo criptoanalíticos desempeñan una función importante a la hora de garantizar la confidencialidad, unidad y autenticidad de la información digital. El campo de batalla del criptoanálisis ha experimentado un ascenso significativo a lo largo de los años, impulsado por la creciente demanda de actas seguras, cobertura protectora de información sensible y salvamento de corsarios. Una de las técnicas criptográficas más utilizadas es la codificación de clave simétrica. En este ataque, se utiliza la misma tonalidad secreta tanto para la codificación como para la descodificación de la información. La tonalidad se comparte entre el transmisor y el receptor previsto, lo que proporciona una agencia de comunicación procurada y eficaz. Este ataque se enfrenta a varias restricciones, incluida la disputa de intercambiar la tonalidad de forma segura en el primer punto topográfico. Para solucionarlo, se introdujo la codificación asimétrica de la tonalidad, o criptoanálisis de clave pública. El criptoanálisis de clave pública revolucionó el campo de batalla del criptoanálisis al introducir la concepción de utilizar claves diferentes para la codificación y la descodificación. La tonalidad de codificación, también conocida como tonalidad pública, se pone a disposición de todo el mundo, mientras que la tonalidad de descodificación correspondiente, o tonalidad privada, la guarda de forma segura el portador de la clave. Esta destreza resolvió el trabajo de distribución estadística de claves y abrió una nueva posibilidad de comunicación segura a escala de medida global. Uno de los algoritmos de codificación asimétrica más utilizados es la regla algorítmica RSA, que se basa en el problema de la factorización de grandes Números primos. Otra faceta importante del criptoanálisis es la función hash criptográfica. Esta función se utiliza para transformar una señal de entrada de cualquier tamaño en un producto final de tamaño fijo, o valor económico hash. La principal característica de la función hash es que son unidireccionales y deterministas, lo que significa que dado un valor económico hash, es computacionalmente inviable derivar la señal de entrada original. Esta pertenencia hace que la función hash sea ideal para la confirmación de la unidad de información, ya que incluso una pequeña alteración en la información de la señal de entrada dará como resultado un valor económico hash completamente distinto. La función hash criptográfica se utiliza para el almacenamiento de palabras clave, la firma digital y otras aplicaciones de protección. Con el rápido ascenso de la ingeniería, el criptoanálisis se enfrenta a nuevos retos y oportunidades. El ascenso de la IA ha abierto nuevas posibilidades tanto para el atacante como para el defensor. Aunque la IA puede utilizarse para mejorar la capacidad de los algoritmos y protocolos criptográficos, también puede aprovecharse para romperlos. Un algoritmo de IA, como la adquisición de una máquina simple, puede entrenarse para analizar una gran suma de información cifrada y darle forma, exponiendo potencialmente la vulnerabilidad del sistema criptográfico. Por otro lado, la IA también puede utilizarse para mejorar la eficacia y la protección de los algoritmos criptográficos, por ejemplo mejorando la técnica de coevaluación de claves u optimizando los procedimientos de codificación y descodificación. La aparición de nuevas tecnologías, como Blockchain y la informática cuántica, suponen tanto una amenaza como una oportunidad para el campo de batalla del criptoanálisis. Blockchain, una ingeniería de Leger distribuida, confía mucho en la técnica criptográfica para garantizar la inmutabilidad y la protección de las actas. En Blockchain se utiliza la función hash criptográfica para enlazar bloques, creando una concatenación inalterable de actas. El criptoanálisis de clave pública se utiliza para asegurar las actas y establecer la confianza entre los participantes en una red descentralizada. Deben desarrollarse nuevos algoritmos y protocolos criptográficos para abordar el reto específico que supone Blockchain, como la demanda de un algoritmo de consenso eficiente y una técnica que preserve la privacidad. La informática cuántica, por otro lado, tiene el potencial de dejar en desuso muchos de los algoritmos criptográficos clásicos existentes. A diferencia de los ordenadores clásicos, que utilizan puntos para representar y procesar información, los ordenadores cuánticos utilizan puntos cuánticos, o qubits, que pueden existir en varios estados simultáneamente. Esto permite al ordenador cuántico realizar determinados cálculos exponencialmente más rápido que el ordenador clásico. Como consecuencia, algoritmos que actualmente se consideran seguros, como el RSA y el criptoanálisis de curvas elípticas (código de corrección de errores), pueden ser descifrados fácilmente por una potente máquina de computación cuántica. La evolución de un algoritmo criptográfico seguro desde el punto de vista cuántico, a menudo denominado criptoanálisis post-cuántico, es de una importancia capital para garantizar la protección a largo plazo de la información digital. En decisión, el criptoanálisis es un campo de batalla crucial que desempeña una función vital para garantizar la protección y la unidad de la información digital. Desde el algoritmo de codificación simétrico y asimétrico hasta la función hash criptográfica, el criptoanálisis proporciona una base para la comunicación procura, las actas seguras y los privatizadores de información. Con el ascenso de la IA, Blockchain y la informática cuántica, surgen nuevos retos y oportunidades, que requieren una invención y evolución continuas en el campo de batalla del criptoanálisis. A medida que la ingeniería sigue evolucionando, también debe hacerlo nuestra técnica criptográfica para adaptarse al siempre cambiante cuadro del paisaje de la protección digital.

# PROBLEMAS DE OPTIMIZACIÓN

Otra aplicación práctica importante de la IA es la resolución de problemas de optimización. Los problemas de optimización consisten en encontrar la mejor respuesta o combinación de variables que maximicen o minimicen una determinada función matemática objetivo. Este problema es frecuente en diversos ámbitos, como la tecnología, las finanzas, la logística y la fabricación, en los que las organizaciones tratan de optimizar sus procedimientos, recursos o productos finales. La técnica de la IA, en particular el algoritmo de aprendizaje automático simple, ha mostrado grandes esperanzas en la resolución del problema de la optimización. Este algoritmo puede analizar grandes conjuntos de datos e identificar la forma y la relación que no son fácilmente discernibles mediante el método tradicional. Aprovechando esta forma, el algoritmo de aprendizaje automático simple puede identificar la solución óptima o estimar el problema de optimización. Una ilustración de un trabajo de optimización que la IA puede abordar es el trabajo del viajante de comercio (TSP) . Este trabajo consiste en encontrar el camino más corto posible para que un vendedor visite una serie de ciudades y regrese fiscalmente a la metrópoli de origen, visitando cada metrópoli sólo una vez. El TSP es NP-difícil, lo que significa que es un reto computacional encontrar la respuesta óptima a medida que se suma la cifra de ciudades. Los algoritmos de IA, como el algoritmo genético y el templado simulado, pueden proporcionar una solución casi óptima mejorando iterativamente la solución inicial mediante un procedimiento de mutación y elección.

Del mismo modo, la IA puede aplicarse a problemas de asignación de recursos, en los que la organización necesita asignar sus recursos, como mano de obra, lista de existencias o instalaciones, de la manera más eficiente y eficaz. Por ejemplo, en la fabricación, el algoritmo de IA puede optimizar la agenda de productos para minimizar el coste, reducir el tiempo de inactividad y mejorar el uso de los recursos. Este algoritmo puede tener en cuenta varias restricciones, como la capacidad de la máquina simple, la disponibilidad de la mano de obra y los requisitos del cliente, para desarrollar un plan de producto óptimo que maximice la productividad y cumpla los requisitos del cliente. La IA puede utilizarse para optimizar la cartera financiera. La optimización de la cartera tiene como objetivo asignar los activos de forma que se maximice el rendimiento fiscal al tiempo que se minimiza el riesgo. Tradicionalmente, esto se hace diversificando la inversión en diferentes clases de activos, como acciones, bonos químicos y materias primas. La técnica de IA puede ir más allá del esquema de variegación tradicional analizando la información histórica, la tendencia del mercado y otros factores relevantes para identificar la asignación óptima de plus. El algoritmo de aprendizaje automático puede aprender del comportamiento pasado del mercado y aplicar esta cognición para predecir el movimiento futuro del mercado, proporcionando así una recomendación más sólida y precisa para la optimización de la cartera. La IA puede emplearse en la dirección de logística y concatenación de suministros para optimizar el movimiento y la distribución estadística de bienes y materiales. Esto implica determinar la ruta más eficiente para el sistema de transporte, optimizar la configuración del almacén y coordinar el grado de la lista de existencias. El algoritmo de IA puede tener

176

en cuenta varios factores, como el coste del sistema de transporte, la multiplicación de la entrega y la ubicación del cliente, para desarrollar un plan logístico óptimo que minimice el coste y la multiplicación de la entrega y maximice la satisfacción del cliente. Aparte de los problemas de optimización tradicionales, la IA también puede utilizarse para resolver problemas de optimización combinatoria, en los que el infinito de respuestas es extremadamente grande y complejo. El problema de optimización combinatoria implica seleccionar la mejor combinación o acuerdo de un conjunto finito de posibilidades. Por ejemplo, el algoritmo de IA puede aplicarse al trabajo de programación del almacén de ocupación, en el que la máquina y la ocupación deben programarse del modo más eficiente para minimizar el clip total del producto. Aprovechando el algoritmo genético u otro método heurístico, la IA puede identificar la solución casi óptima a estos complejos problemas de programación. En la toma de decisiones, los problemas de optimización son frecuentes en diversos ámbitos, y la técnica de IA, en particular el algoritmo de aprendizaje automático simple, ofrece una solución eficaz a este problema. Analizando grandes conjuntos de datos, identificando la forma y aplicando la técnica de optimización, el algoritmo de IA puede proporcionar una solución casi óptima o una estimación a un problema de optimización complejo y difícil desde el punto de vista computacional. Ya sea para resolver problemas de TSP, asignación de recursos, optimización de carteras, preparación logística u optimización combinatoria, la IA tiene el potencial de revolucionar estos campos y permitir a las organizaciones lograr una mayor eficiencia, productividad y rentabilidad. Con la continua promoción de la ingeniería de IA, la capacidad de resolver problemas de optimización seguirá creciendo, lo que supondrá numerosos beneficios para el club como unidad.

# DESCUBRIMIENTO DE FÁRMACOS

La búsqueda de fármacos es un procedimiento complejo y largo que implica la designación y evolución de nuevos medicamentos o agentes terapéuticos. Desempeña una función crucial en la mejora de la salud y el bienestar humanos, abordando diversas enfermedades y problemas médicos. Los métodos tradicionales de búsqueda de dosis se asocian a menudo con un coste elevado, un plazo largo y una tasa de éxito baja. En los últimos años, la IA, el Blockchain y la computación cuántica han surgido como tecnologías innovadoras que tienen el potencial de revolucionar el campo de batalla de la búsqueda de dosis. La IA se ha utilizado cada vez más en la búsqueda de dosis para acelerar el procedimiento de identificación y desarrollo de nuevos fármacos. Los algoritmos de aprendizaje automático, por ejemplo, se han utilizado para analizar grandes volúmenes de información e identificar nuevas dosis con mayor precisión y veracidad que los métodos tradicionales. La IA es especialmente útil en la fase inicial de la búsqueda de dosis, en la que puede examinar eficazmente una amplia base de datos de compuestos de sustancias químicas y predecir sus posibles efectos terapéuticos personales. La IA también puede ayudar a optimizar y modificar las campañas de dosis existentes, mejorando la eficacia y reduciendo los efectos personales. La ingeniería Blockchain también ha demostrado un enorme potencial en la búsqueda de dosis al mejorar la protección de la información, la transparencia y la coacción. La búsqueda de fármacos implica la agregación y el análisis de una gran cantidad de información sensible sobre el papel de los afectados, que debe protegerse para garantizar la privacidad y confidencialidad del paciente. La ingeniería Blockchain ofrece una plataforma política descentralizada y segura para compartir y almacenar dicha información. Utiliza técnicas criptográficas y un libro mayor distribuido para garantizar la unidad y la inmutabilidad de la información, reduciendo así el riesgo de uso de la información o de acceso no autorizado. Blockchain permite mejorar la coacción entre las distintas partes interesadas en el procedimiento de búsqueda de dosis, como la empresa farmacéutica, la institución académica y el gobierno regulador. Permite el intercambio seguro y sin restricciones de información, simplificando la comunicación de la determinación de la investigación, las consecuencias de las pruebas clínicas y la certificación reguladora. La informática cuántica, aunque aún se encuentra en su fase incipiente, alberga importantes esperanzas para el hallazgo de dosis. Los ordenadores tradicionales utilizan puntos, que son unidades binarias de medida de la información representadas por 0 o Por el contrario, los ordenadores cuánticos utilizan puntos cuánticos, o qubits, que pueden existir simultáneamente en varios estados. Estas propiedades de los qubits permiten a los ordenadores cuánticos procesar la información de forma analógica, lo que les permite realizar cálculos complejos y simulaciones a una velocidad exponencialmente mayor por unidad que los ordenadores clásicos. En la informática cuántica puede utilizarse para modelar y simular la interacción molecular, el plegamiento de proteínas y la interacción fármaco-objetivo. Al predecir con exactitud el comportamiento y las propiedades de los compuestos de sustancias químicas en un grado cuántico, el ordenador cuántico puede ayudar en el diseño y la evolución de nuevos fármacos con mayor oficiosidad y menor perniciosidad. A pesar del tremendo potencial que ofrecen la IA, el Blockchain y la informática cuántica, esta tecnología también presenta ciertos retos y restricciones en el campo de batalla de la búsqueda de dosis. La IA, por ejemplo, depende en gran medida de la disponibilidad de información de alta calidad y bien seleccionada. En la búsqueda de dosis, obtener dicha información puede ser un reto debido a la falta de una base de datos estandarizada y completa. El modelo de IA también puede sufrir sesgos y restricciones derivados de la información de preparación utilizada. Debe prestarse especial atención al calibre y la diversidad de la información de la señal de entrada para garantizar la veracidad y fiabilidad de la búsqueda de dosis basada en IA. Del mismo modo, la ingeniería Blockchain se enfrenta a ciertos retos en el contexto lingüístico de la búsqueda de dosis. La aceptación de la cadena de bloques en la fabricación farmacéutica requiere la creación de un modelo y una norma reguladores para abordar los problemas relacionados con los privatizadores, la aceptación y la posesión de la información. Es necesario abordar la escalabilidad de la red Blockchain y la ingestión gratuita de energía asociada a las operaciones comerciales de excavación para garantizar la eficacia y sostenibilidad de la ingeniería. La informática cuántica aún está en pañales, y todavía no se han desarrollado ordenadores cuánticos prácticos capaces de resolver problemas complejos de búsqueda de dosis. Superar los retos técnicos, como el estancamiento de las renuncias, la rectificación de errores y la escalabilidad, es fundamental para aprovechar todo el potencial de la informática cuántica en la búsqueda de dosis. La integración de la computación cuántica con el algoritmo existente y el modelo

181

computacional utilizado en la búsqueda de dosis presenta su propio conjunto de desafíos. En la toma de decisiones, la IA, el Blockchain y la computación cuántica han surgido como tecnologías innovadoras con potencial para revolucionar la búsqueda de dosis. Esta tecnología ofrece un nuevo enfoque para acelerar la designación y evolución de nuevos fármacos, mejorar la protección de la información y la coacción, y permitir un molde más preciso y una técnica de simulación informática. También plantean retos y restricciones que deben abordarse para su integración efectiva en el procedimiento de búsqueda de dosis. Es crucial que los investigadores, las empresas farmacéuticas y los organismos reguladores colaboren y sigan explorando el enorme potencial de esta tecnología para mejorar la salud y el bienestar humanos. La IA, el Blockchain y la informática cuántica son tres tecnologías revolucionarias que tienen el potencial de revolucionar diversos sectores e industrias. En los últimos años, estas tecnologías han recibido una atención significativa y se están explorando por su poder para lograr una promoción sin precedentes en campos como la atención sanitaria, las finanzas y el sistema de transporte. La IA es la subdivisión de la disciplina científica de las máquinas de computación que pretende crear máquinas inteligentes que puedan imitar el comportamiento humano y realizar tareas que normalmente requieren el servicio de la inteligencia humana. Abarca campos como la adquisición de máquinas simples, el proceso de comunicación lingüística natural y la visión de máquinas informáticas, lo que la convierte en un campo de batalla verdaderamente multidisciplinar. El desarrollo de la IA ha allanado el camino para su promoción en diversos sectores, como el vehículo autónomo, el asistente virtual y la topología de la asistencia sanitaria. Blockchain, por otro lado, es un esquema Leger descentralizado y transparente que registra actas a través de múltiples ordenadores. Obtuvo un amplio reconocimiento con la aparición de criptomonedas como Bitcoin, pero su aplicación va mucho más allá. Blockchain puede proporcionar actas procuradas y transparentes, por lo que es aplicable en industrias como las finanzas, la dirección de concatenación de provisiones y la atención sanitaria. La informática cuántica es un campo de batalla de la informática que explota el principio del mecanismo cuántico para realizar cálculos. A diferencia de los ordenadores clásicos, que se basan en puntos para almacenar y procesar información, los ordenadores cuánticos utilizan puntos cuánticos, o qubits, que presentan el principio de superposición y la propiedad de red. La informática cuántica tiene potencial para resolver problemas complejos que actualmente son intratables para el ordenador clásico, como la optimización y el criptoanálisis. Con estas tres tecnologías en rápida evolución, su convergencia tiene el potencial de desbloquear posibilidades sin precedentes. Un país en el que la convergencia de la IA, el Blockchain y la computación cuántica alberga inmensas esperanzas es la sanidad. La IA puede aprovecharse para analizar grandes cantidades de información médica, permitiendo un diagnóstico más rápido y preciso. Entrenando un modelo sencillo de aprendizaje automático en una gran cantidad de información sobre funciones afectadas, el algoritmo de IA puede identificar la forma y hacer predicciones, ayudando a los profesionales sanitarios a identificar la enfermedad en una fase temprana. La cadena de bloques (Blockchain) puede proporcionar un esquema descentralizado y seguro para almacenar esta información médica sensible, permitiendo al paciente tener más control sobre su historial de salud a la vez que mantiene la privacidad. La inmutabilidad de la cadena de bloques puede evitar la intromisión y garantizar la autenticidad del historial médico, mejorando la confianza entre el proveedor de asistencia sanitaria y el paciente. Cuando la informática cuántica se introduzca en esta igualdad, podrá mejorar aún más la capacidad de la IA procesando cálculos complejos a una velocidad sin precedentes. El algoritmo cuántico puede utilizarse para analizar grandes conjuntos de datos de forma más eficiente, lo que permite mejorar el diagnóstico y el plan de intervención. Otro país donde la convergencia de esta tecnología tiene un inmenso potencial es el de las finanzas. Los chatbots y asistentes virtuales potenciados por IA ya están transformando el servicio religioso al cliente en el ámbito financiero. Estos sistemas de IA pueden proporcionar recomendaciones personalizadas, ayudar en la preparación financiera y realizar evaluaciones de riesgos. Blockchain puede revolucionar la fabricación financiera proporcionando actas procuras y transparentes. Mediante el uso de contratos inteligentes, los acuerdos financieros pueden ejecutarse automáticamente, eliminando la necesidad de mediadores y reduciendo costes. Además, Blockchain puede facilitar el pago transfronterizo eliminando la necesidad de múltiples mediadores, haciéndolo más rápido y rentable. La informática cuántica, en este contexto lingüístico, puede proporcionar una mayor protección de las actas financieras. Su poder para realizar cálculos complejos puede utilizarse para mejorar la técnica criptoanalítica, haciendo que las actas financieras sean más seguras e inmunes a la piratería. El sistema de transporte es otra esfera que puede beneficiarse enormemente de la convergencia de la IA, la cadena de bloques y la informática cuántica. Los vehículos autónomos impulsados por IA pueden revolucionar el sistema de transporte, haciéndolo más seguro y eficiente. Este vehículo puede aprovechar el algoritmo de IA para analizar la información de los tratos en tiempo real, optimizar la trayectoria y mejorar el refugio de los pasajeros. Blockchain puede hacer posible un servicio de transporte compartido transparente y seguro, permitiendo que haya actas eficientes y fiables entre el pasajero y el conductor. El debut de la informática cuántica puede mejorar aún más la capacidad de la IA en el sistema de transporte. Los problemas de optimización complejos, como los tratos que fluyen en la dirección y la preparación de la ruta, pueden resolverse más eficazmente con la ayuda del algoritmo cuántico. A medida que la IA, el Blockchain y la computación cuántica siguen evolucionando, su convergencia alberga inmensas esperanzas en diversos sectores. Desde la atención sanitaria hasta las finanzas y el sistema de transporte, esta tecnología tiene el potencial de transformar la industria, aportando una promoción y eficiencia sin precedentes. Para que esta tecnología se integre con éxito, es necesario abordar retos como la consideración ética, el modelo regulador y la restricción de la subestructura. No obstante, las posibilidades que nos aguardan son enormes, y la convergencia de la IA, la cadena de bloques y la informática cuántica está preparada para remodelar nuestro universo tal y como lo conocemos.

# V. INTERSECCIÓN DE LA IA, BLOCKCHAIN Y COMPUTACIÓN CUÁNTICA

El punto de intersección de la IA, el Blockchain y la computación cuántica representa una nueva frontera de la ingeniería que tiene el potencial de revolucionar la forma en que vivimos, trabajamos y nos comportamos. La IA es una subdivisión de la disciplina científica de la máquina informática que se centra en la evolución de la máquina inteligente capaz de realizar tareas que normalmente requieren el servicio de la inteligencia humana. Abarca varias áreas, como la adquisición de máquinas simples, el proceso de comunicación lingüística natural, la robótica y la visión de máquinas informáticas. Blockchain, por otro lado, es una ingeniería Leger distribuida que permite a varias partes mantener una base de datos compartida sin necesidad de una autorización central. Proporciona transparencia, protección e inmutabilidad, lo que la hace ideal para aplicaciones como actas financieras, dirección de concatenación de provisiones y confirmación de identidades personales. La informática cuántica es un campo de estudio que pretende utilizar el principio del mecanismo cuántico para crear potentes ordenadores capaces de resolver problemas complejos a una velocidad exponencialmente superior a la de los ordenadores clásicos. Aprovecha el fenómeno cuántico, como el principio de superposición y la red, para realizar cálculos que están fuera del alcance de la informática clásica. El punto de intersección de estas tres tecnologías presenta posibilidades y retos apasionantes. La IA puede beneficiarse enormemente tanto de la Blockchain como de la informática cuántica. Blockchain puede mejorar la transparencia, la protección y la unidad del sistema de IA proporcionando un registro fonográfico descentralizado e inmutable de la información y el algoritmo. También puede permitir una colaboración segura y de confianza entre el sistema de IA y las partes interesadas, garantizando que se mantenga la unidad del producto final producido por la IA. La naturaleza descentralizada de Blockchain también puede abordar la preocupación de los privatizadores, al otorgar a la persona la condición de control sobre su información personal y permitirle porcionarla selectivamente con el sistema de IA. Blockchain puede facilitar la incentivación de la evolución y el intercambio de IA mediante el uso de criptomonedas y contratos inteligentes. La informática cuántica, por otro lado, puede acelerar exponencialmente el cálculo de la IA y permitir la expedición geográfica de nuevos algoritmos y modelos de IA. El proceso de alta dimensión impotente del ordenador cuántico puede resolver problemas de optimización, imitar sistemas complejos y mejorar el algoritmo de aprendizaje de máquina simple, lo que conduce a una capacidad de IA más avanzada. La adquisición de máquinas simples cuánticas, por ejemplo, puede explotar los algoritmos cuánticos para entrenar eficientemente el modelo en grandes conjuntos de datos y realizar la tarea de reconocimiento de patrones con mayor veracidad. También puede mejorar la capacidad de la IA en ámbitos como la búsqueda de dosis, la optimización logística y el molde financiero. La integración de la IA, la cadena de bloques y la computación cuántica también puede dar lugar a una aplicación impactante en diversos sectores. En la atención sanitaria, por ejemplo, un sistema impulsado por IA puede analizar una gran cantidad de información médica, como información genética, registros de afectados y pruebas clínicas, para diagnosticar enfermedades, predecir resultados y reforzar el tratamiento personalizado. Blockchain puede almacenar y gestionar de forma segura esta información sanitaria sensible, garantizando la privacidad y la unidad de la información. La computación cuántica puede mejorar aún más la capacidad de la IA para analizar sistemas biológicos y diseñar nuevos fármacos. En finanzas, la IA puede utilizarse para automatizar el comercio, detectar impostores y optimizar el esquema de inversión. Blockchain puede proporcionar un registro fonográfico cristalino y a prueba de manipulaciones de las actas financieras, reduciendo el riesgo de contraparte y permitiendo una colonia más rápida. La informática cuántica puede mejorar el modelo de valoración del peligro, desarrollar un modelo de precios más preciso y optimizar la cartera de inversiones. El punto de intersección de esta tecnología también puede revolucionar la dirección de la concatenación de provisiones mejorando la trazabilidad, la eficiencia y la confianza. La IA puede aprovechar la información del dispositivo IoT, la imaginación por satélite y otros principios para optimizar la dirección de la lista de existencias, mejorar la logística y mitigar el peligro. Blockchain puede proporcionar un registro fonográfico del lugar de nacimiento de la mercancía, garantizado y a prueba de manipulaciones, que asegure que los bienes proceden de fuentes éticas y son auténticos. La informática cuántica puede optimizar aún más las operaciones comerciales de concatenación de provisiones resolviendo complejos problemas de optimización y simulando distintos escenarios. A pesar del beneficio potencial, la integración de la IA, la cadena de bloques y la informática cuántica también presenta desafíos. Uno de los retos clave es la escalabilidad de esta tecnología. Por ejemplo, el modelo de IA requiere una gran potencia de cálculo y una gran cantidad de información, lo que puede consumir muchos recursos. Los ordenadores cuánticos, por otro lado, están aún en su fase inicial de evolución, con qubits limitados y un estado cuántico frágil. Otra disputa es la protección y los corsarios de este sistema. Aunque la cadena de bloques ofrece funciones de protección como la codificación y el mecanismo de consenso, no es inmune a los piratas informáticos y otros ataques. El ordenador cuántico, con su enorme potencia de proceso, también puede romper potencialmente el criptoanálisis utilizado para asegurar la red Blockchain. Es necesario desarrollar nuevas técnicas criptográficas que sean resistentes a los ataques cuánticos. En decisión, el punto de intersección de la IA, el Blockchain y la computación cuántica representa una poderosa convergencia de tecnología que puede transformar diversas industrias y la sociedad. La integración de la IA, la cadena de bloques y la computación cuántica puede mejorar la transparencia, la protección y la eficacia del sistema de IA, así como acelerar exponencialmente el cálculo de la IA y permitir la expedición geográfica de nuevos algoritmos y modelos. Esta convergencia también presenta retos, como la escalabilidad, la protección y los corsarios. Abordar estos retos requerirá la coacción entre investigadores, ingenieros, responsables políticos y partes interesadas para garantizar la integración responsable y ética de esta tecnología.

# IMPORTANCIA DE SU CONVERGENCIA

La convergencia de IA, Blockchain y computación cuántica tiene una inmensa importancia en varios sectores del sistema económico y del club como unidad. Estas tres tecnologías, cuando se combinan, tienen el potencial de revolucionar la industria, aumentar la protección y desbloquear un poder computacional sin precedentes. La interacción entre IA, Blockchain y computación cuántica permite la actividad creativa de sistemas altamente inteligentes, asegura el flujo de información y facilita el cálculo complejo. Una de las principales razones de la grandiosidad de la convergencia de estas tecnologías es su potencial para revolucionar la industria. La IA, el Blockchain y la computación cuántica por separado ya han demostrado su impotencia transformadora en varios sectores, pero su integración tiene el potencial de ser verdaderamente revolucionaria. Por ejemplo, en el ámbito de la atención sanitaria, la IA puede emplearse para analizar una enorme suma de información sobre roles afectados y ayudar en la topología y la decisión de intervención. Cuando se combina con la ingeniería Blockchain, esta información puede almacenarse, compartirse y ser accesible de forma segura por las partes interesadas pertinentes. La informática cuántica puede facilitar la simulación y el cálculo complejos, permitiendo la designación de tratamientos novedosos y mejorando la eficiencia general del sistema sanitario. Una transformación similar puede observarse en sectores como las finanzas, el sistema de transporte y la logística, donde la convergencia de esta tecnología puede conducir a un mejor procedimiento de toma de decisiones, una mayor eficiencia y una mejor protección. La convergencia de la IA, el Blockchain y la informática cuántica también desempeña una función crucial en la mejora de la protección. Uno de los principales retos a los que se enfrentan las organizaciones y las personas hoy en día es la creciente amenaza de los ciberataques y la violación de la información. Combinando la IA, la cadena de bloques y la informática cuántica, es posible crear un sistema altamente seguro. La IA puede utilizarse para detectar y responder a las ciberamenazas en tiempo real, identificando formas y anomalías que los analistas humanos podrían pasar por alto. La ingeniería Blockchain, con su naturaleza descentralizada e inmutable, proporciona una plataforma política segura para almacenar y compartir información sensible, reduciendo el riesgo de entrada o intromisión no autorizada. La informática cuántica, por otro lado, puede reforzar el algoritmo de codificación, haciendo casi imposible que un hacker irrumpa en un sistema seguro. La convergencia de esta tecnología encierra el potencial para abordar el acuciante número de la ciberseguridad y salvaguardar la información crítica en diversos ámbitos. La convergencia de IA, Blockchain y computación cuántica permite la actividad creativa de un sistema altamente inteligente. La IA, impulsada por un sencillo algoritmo de adquisición de máquinas, puede analizar grandes conjuntos de datos y aprender de la forma, permitiendo una predicción y una toma de decisiones más precisas. Cuando se combina con la ingeniería Blockchain, este sistema inteligente puede utilizarse para automatizar actas, establecer identidad digital y facilitar contratos inteligentes. Por ejemplo, los chatbots impulsados por IA pueden proporcionar un servicio religioso y de refuerzo personalizado al cliente, mientras que la ingeniería de Blockchain puede almacenar el registro de transacciones de forma segura, reduciendo la demanda de mediadores. La computación cuántica puede mejorar significativamente la impotencia computacional de los sistemas de IA, permitiéndoles procesar y analizar la información a una velocidad sin precedentes. La integración de estas tecnologías abre nuevas posibilidades para desarrollar sistemas inteligentes que puedan transformar la industria y mejorar la vida de los ciudadanos. La convergencia de IA, Blockchain y computación cuántica facilita el cálculo complejo. La informática cuántica, con su capacidad de realizar cálculos paralelos, tiene el potencial de resolver complejos problemas de optimización que actualmente son intratables con los ordenadores tradicionales. Aprovechando el algoritmo y la técnica de la IA, este ordenador cuántico puede utilizarse para resolver problemas del mundo real de forma más eficiente y eficaz. Por ejemplo, en el campo de batalla de la logística y la dirección de la concatenación de suministros, la integración de IA, Blockchain y computación cuántica puede optimizar la preparación de rutas, la dirección de la lista de existencias y la agenda de suministros, lo que permite ahorrar costes y mejorar la eficiencia. En el campo de batalla de las finanzas, la evaluación de riesgos complejos y la optimización de carteras pueden realizarse utilizando la impotencia computacional del ordenador cuántico, lo que permite una predicción más precisa y una decisión de inversión mejor informada. La convergencia de esta tecnología desbloquea la impotencia computacional necesaria para abordar problemas complejos que antes eran inviables desde el punto de vista computacional. En la toma de decisiones, la convergencia del servicio de inteligencia artificial, el Blockchain y la computación cuántica encierra una inmensa grandeza debido a su potencial para revolucionar la industria, aumentar la protección, crear un sistema altamente inteligente y facilitar el cálculo complejo. Esta tecnología, cuando se combina, tiene el potencial de abordar los acuciantes retos sociales y económicos y desbloquear posibilidades sin precedentes. La integración de IA, Blockchain y computación cuántica permite la evolución de un sistema inteligente que puede transformar sectores como la sanidad, las finanzas, el sistema de transporte y la logística. Mejora la protección combinando la capacidad de detección de amenazas en tiempo real de la IA con la naturaleza de aprovisionamiento y descentralizada del Blockchain, reforzada además por la impotencia computacional de la informática cuántica. La convergencia de esta tecnología allana el camino hacia un futuro en el que las empresas, los gobiernos y las personas puedan aprovechar su capacidad para impulsar la invención, aumentar la eficiencia y garantizar la protección de la información crítica.

# SINERGIAS POTENCIALES

La sinergia potencial entre IA, Blockchain y computación cuántica puede revolucionar la industria y mejorar significativamente la capacidad tecnológica. Estas tres tecnologías, aunque distintas, poseen propiedades complementarias que pueden aprovecharse para crear una poderosa confederación. La IA aporta al conjunto tabular el reconocimiento avanzado de formas, el pensamiento analítico de la información y la capacidad de toma de decisiones. Blockchain, por otro lado, garantiza la transparencia, la inmutabilidad y la protección de la información en minutos. La informática cuántica, con su poder para procesar grandes cantidades de información simultáneamente, ofrece una potencia computacional sin precedentes. Cuando estas tecnologías convergen, crean una plataforma política en la que el algoritmo de IA puede desplegarse de forma segura y eficiente, desbloqueando todo el potencial de la aplicación de la IA y proporcionando una solución de vanguardia a problemas complejos. La fusión de la IA y la cadena de bloques también puede abordar el reto de la fiabilidad, la autenticidad y los corsarios, ya que la cadena de bloques proporciona un modelo descentralizado para almacenar de forma segura la información generada por la IA. La computación cuántica puede mejorar enormemente la velocidad y la eficacia de los algoritmos de IA, permitiendo una predicción, optimización y simulación más rápidas y precisas. Un país que puede beneficiarse de la sinergia de esta tecnología es la sanidad. La integración de IA, Blockchain y computación cuántica puede revolucionar el diagnóstico y la intervención médica. El algoritmo de IA puede analizar una enorme suma de información sobre el papel afectado, incluida la cuenta médica, la información genética y el factor del estilo de vida, para identificar la forma y hacer un diagnóstico preciso. La combinación de IA y Blockchain puede abordar la preocupación de los privados almacenando y compartiendo de forma segura la información de los pacientes, manteniendo la confidencialidad. La inmutabilidad de Blockchain garantiza la unidad del historial médico y evita alteraciones no autorizadas. La computación cuántica puede mejorar la capacidad del algoritmo de IA en la investigación médica, permitiendo el proceso de información genómica a gran escala, simulando el comportamiento de sistemas biológicos complejos y facilitando la búsqueda de dosis. Con la integración de esta tecnología, la especialidad médica personalizada puede convertirse en un mundo, permitiendo un tratamiento específico basado en características genéticas y fisiológicas individuales. El uso de Blockchain puede permitir una red descentralizada para el intercambio de información sanitaria, mejorando la interoperabilidad y facilitando la coacción entre los proveedores sanitarios. Otra esfera que puede beneficiarse de esta sinergia es la ciberseguridad. La IA puede aprovecharse para detectar y mitigar la amenaza cibernética analizando grandes cantidades de información e identificando formas anómalas. Blockchain puede proporcionar un modelo procurado y descentralizado para almacenar la información de ciberseguridad, impedir la entrada no autorizada y garantizar la transparencia y la unidad de las operaciones comerciales de ciberseguridad. La informática cuántica puede mejorar significativamente el criptoanálisis, permitiendo la evolución de algoritmos resistentes a la cuántica y reforzando la codificación de la información. La integración de esta tecnología puede crear un sólido ecosistema de ciberseguridad que proteja mejor a las organizaciones de los ciberataques y salvaguarde la información sensible. La analítica de Blockchain potenciada por la IA puede rastrear y localizar el inicio de la ciberamenaza, permitiendo un mecanismo de defensa proactivo y facilitando la adscripción del ataque. El ámbito financiero puede beneficiarse enormemente de la sinergia de la IA, la cadena de bloques y la informática cuántica. Los algoritmos de IA pueden analizar grandes cantidades de información financiera, identificar las tendencias del mercado y predecir las oportunidades de inversión. Blockchain puede proporcionar un Leger cristalino e inmutable para las actas financieras, eliminando la demanda de mediadores y reduciendo el coste de las operaciones. La computación cuántica puede mejorar el molde financiero, permitiendo una valoración del riesgo y una optimización de la cartera más rápidas y precisas. La integración de esta tecnología puede crear un esquema financiero más eficiente y seguro, en el que los robots-asesores impulsados por IA pueden proporcionar recomendaciones de inversión personalizadas, los contratos inteligentes pueden automatizar las minutas financieras y la computación cuántica puede permitir la dirección de riesgos y la detección de impostores en tiempo real. Blockchain puede abordar el reto de la comprensión financiera proporcionando un servicio financiero descentralizado al universo no bancarizado, facilitando las minutas transfronterizas y reduciendo la dependencia del sistema bancario tradicional. En decisión, la sinergia potencial entre la

IA, la cadena de bloques y la computación cuántica encierra inmensas esperanzas de revolucionar la industria y transformar la capacidad tecnológica. Esta tecnología, cuando se integra, puede desbloquear nuevas posibilidades en la atención sanitaria, la ciberseguridad, las finanzas y otros muchos ámbitos. La combinación de la analítica avanzada de la IA, la transparencia y protección del Blockchain y la impotencia computacional de la computación cuántica puede crear una poderosa confederación capaz de abordar retos complejos y ofrecer soluciones innovadoras. A medida que esta tecnología siga evolucionando y madurando, el intento de colaboración y la investigación interdisciplinar serán cruciales para aprovechar todo su potencial e impulsar una alteración significativa en diversos sectores del sistema económico.

# PRIVACIDAD Y SEGURIDAD

La privacidad y la protección se han convertido en una preocupación cada vez más crucial en el periodo histórico digital actual, ya que la ingeniería sigue avanzando a un ritmo sin precedentes. Con el ascenso de la IA, el Blockchain y la informática cuántica, las personas y las organizaciones se enfrentan a nuevos retos a la hora de proteger su información sensible. La IA, por ejemplo, tiene el potencial de recopilar y analizar grandes cantidades de información personal en un deslizamiento que antes era inimaginable. Esto suscita preocupación por el posible abuso de esta información y la posible intromisión de corsarios. Del mismo modo, la ingeniería Blockchain, que está diseñada para mejorar la protección y la transparencia, también plantea ciertos peligros. Aunque ofrece un mantenimiento de registros seguro e inmutable, también puede exponer información personal a través de un libro de contabilidad público. La informática cuántica, con su impotencia computacional sin precedentes, tiene el potencial de romper los algoritmos criptográficos existentes, amenazando la protección de la transmisión y el almacenamiento de información. Estos problemas ponen de manifiesto la necesidad de contar con robustos privatizadores y medidas de protección para garantizar que la información personal de las personas permanezca protegida. La IA ha surgido como un poderoso instrumento en diversos sectores, que van desde la sanidad a las finanzas, debido a su poder para procesar y analizar rápidamente grandes cantidades de información. La agregación y el pensamiento analítico de la información personal suscitan preocupación por la intromisión de los corsarios. Los sistemas de IA a menudo necesitan acceder a información personal, como el historial médico de una persona o su cuenta de navegación online, para ofrecer predicciones y recomendaciones precisas. Aunque esta información suele ser esencial para el funcionamiento del algoritmo de IA, también supone un peligro para los corsarios de personas. El uso indebido de la información personal por parte malintencionada o incluso por el propio desarrollador puede acarrear graves consecuencias, como el robo de la identidad personal o el perfil no autorizado. Es esencial establecer un modelo de corsarios eficaz que regule la agregación, el almacenamiento y el proceso de la información personal en el sistema de IA. La ingeniería Blockchain, por otro lado, se desarrolló originalmente para mejorar la protección y la transparencia, sobre todo en el reino de la moneda digital como Bitcoin. También expone la información personal a través de libros de contabilidad públicos, accesibles a todos los usuarios. Aunque estos registros suelen ser seudónimos, sigue siendo posible rastrear los minutos hasta la persona, especialmente cuando se combinan con otra información disponible. La naturaleza inmutable de la cadena de bloques supone un reto para las personas que quieren eliminar su información personal del Leger. A medida que Blockchain se adopta más ampliamente en diversos sectores, incluida la sanidad y la dirección de concatenación de suministros, se hace imperativo abordar esta preocupación por la privacidad y desarrollar mecanismos que permitan a las personas controlar la vulnerabilidad de su información personal. La informática cuántica es otra ingeniería que aporta tanto oportunidades como peligros. Su incomparable impotencia computacional tiene el potencial de revolucionar muchas áreas de la disciplina científica y la ingeniería. También supone una amenaza significativa para los algoritmos criptográficos existentes. El principio fundamental que sustenta el método de codificación moderno, como RSA o AES, se basa en la dificultad de factorizar grandes números o resolver complejas ecuaciones matemáticas. Con la llegada del ordenador cuántico, este algoritmo puede romperse fácilmente, lo que llevaría a la vía media de información sensible. En consecuencia, es crucial desarrollar algoritmos criptográficos resistentes al ordenador cuántico, que puedan soportar la capacidad de cálculo del ordenador cuántico. Esto permitiría procurar la transmisión y el almacenamiento de información incluso en el frente de la informática cuántica. En decisión, la rápida promoción de la IA, el Blockchain y la informática cuántica presentan una oportunidad apasionante para el club. También conlleva una preocupación por los corsarios y la protección que no puede pasarse por alto. La agregación y el pensamiento analítico de vastas sumas de información personal por parte del sistema de IA puede invadir a los corsarios de las personas si no se regula adecuadamente. Del mismo modo, la ingeniería Blockchain, aunque está diseñada para mejorar la protección, expone la información personal a través de un libro de contabilidad público, lo que supone un peligro para los intimidadores de personas. La inmensa impotencia computacional de la computación cuántica amenaza la protección de la transmisión y el almacenamiento de información, al hacer vulnerables los algoritmos criptográficos existentes. A medida que esta tecnología siga evolucionando, es esencial implantar corsarios y medidas de protección sólidas para proteger la información personal de las personas y garantizar un entorno digital seguro. Al hacerlo, podemos aprovechar todo el potencial de esta tecnología transformadora, salvaguardando al mismo tiempo los derechos individuales y la información personal.

# APRENDIZAJE AUTOMÁTICO MEJORADO

Recientemente, se ha producido una creciente implicación en el campo de batalla de la adquisición de máquina simple mejorada. La adquisición automática, un subconjunto del servicio de inteligencia artificial, implica la evolución de algoritmos y modelos que permiten al ordenador aprender de la información y hacer predicciones o tomar decisiones sin ser programado explícitamente. La mejora del aprendizaje automático simple lleva esta concepción un paso más allá al incorporar técnicas y tecnología avanzadas para mejorar la veracidad y eficacia del algoritmo de aprendizaje automático simple. Una de estas competencias es la adquisición profunda, que utiliza redes neuronales artificiales para modelar y comprender formas y relaciones complejas en la información. La adquisición profunda ha revolucionado varios campos, como la visión de la máquina informática, el proceso de comunicación lingüística natural y el reconocimiento de direcciones, permitiendo a la máquina realizar tareas que antes estaban reservadas al mundo. Otra ingeniería clave que mejora la simple adquisición de la máquina es el uso de la gran información. Con la proliferación de los dispositivos digitales y la red, cada veinticuatro horas se genera una gran cantidad de información. La gran información proporciona a los algoritmos de aprendizaje automático simple conjuntos de datos más diversos y completos, lo que a su vez aumenta su capacidad para realizar predicciones y tomar decisiones precisas. La llegada de la informática de enjambre ha facilitado enormemente el proceso y el pensamiento analítico de la gran información, haciéndola más accesible y asequible tanto para los investigadores como para las empresas. Han surgido plataformas de adquisición de máquinas simples basadas en la nube, que permiten al usuario entrenar y desplegar un modelo de aprendizaje automático simple en una gran escala de medición con un requisito mínimo de subestructura. La combinación de la técnica mejorada de aprendizaje automático simple y el proceso de gran información ha allanado el camino para el descubrimiento en diversos campos, como la atención sanitaria, las finanzas y el sistema de transporte. Por ejemplo, en la atención sanitaria, se ha desarrollado un algoritmo de aprendizaje automático simple mejorado para analizar imágenes médicas y detectar anomalías con gran veracidad. Esto tiene el potencial de revolucionar el procedimiento de diagnóstico y mejorar el resultado del papel afectado. En el ámbito financiero, se han utilizado algoritmos simples de aprendizaje automático combinados con el pensamiento analítico de la gran información para detectar actividades fraudulentas y hacer predicciones más precisas en el comercio del mercado de inventarios. Esto no sólo ha reducido el riesgo financiero, sino que también ha aumentado el rendimiento fiscal de las inversiones para las personas y las instituciones. En el sistema de transporte, se ha aplicado un algoritmo mejorado de aprendizaje automático simple para optimizar el flujo de transacciones y mejorar la eficiencia del sistema de transporte. Esto tiene el potencial de reducir el hacinamiento, disminuir las emisiones y mejorar la experiencia general del sistema de transporte, tanto para las personas como para las empresas. Aunque el aprendizaje automático simple mejorado alberga grandes esperanzas, también presenta ciertos retos y peligros que hay que abordar. Uno de los principales retos es la necesidad de una gran cantidad de información etiquetada de alta calidad para entrenar eficazmente el modelo de aprendizaje automático simple. En muchos casos, adquirir tales conjuntos de datos puede llevar mucho tiempo y resultar caro. Los privados y la protección de la gran información plantean una preocupación importante. A medida que se recopila más información personal y sensible con fines de adquisición de máquinas sencillas, aumenta el riesgo de que se produzcan filtraciones de información y entradas no autorizadas. Deben establecerse normativas y directrices éticas para garantizar el uso responsable y la protección de la información. La complejidad y opacidad del modelo de adquisición mecánica simple plantean un reto para la interpretabilidad y la capacidad de explicación. A diferencia del sistema tradicional basado en reglas, el modelo de adquisición de máquina simple funciona basándose en la forma estadística y la correlación, que pueden no ser fácilmente comprensibles para el mundo. Esta deficiencia de interpretabilidad puede limitar la aceptación y la confianza en el sistema de aprendizaje automático simple, especialmente en ámbitos críticos como la asistencia sanitaria y los vehículos autónomos. Abordar este reto y peligro requiere un ataque polifacético que implique la coacción entre el mundo académico, la fabricación y las autoridades. La investigación continua y la evolución en la técnica de adquisición de máquinas simples mejoradas son esenciales para ampliar los límites de lo que las máquinas pueden aprender y lograr. La colaboración entre los científicos de la información, los expertos en la materia y los responsables políticos es crucial para establecer directrices éticas y normativas sobre el uso de la información y la cobertura protectora de los corsarios. Debe intentarse desarrollar un modelo de adquisición de máquina simple interpretable y explicable, que permita al usuario comprender y confiar en la decisión tomada por este sistema. A medida que el aprendizaje automático simple se integra cada vez más en nuestra vida cotidiana, es importante garantizar que se utiliza de forma responsable y ética para el bienestar de todos. El aprendizaje automático simple tiene el potencial de revolucionar diversos campos y abordar informáticamente problemas complejos que antes se consideraban irresolubles. Aprovechando la impotencia de la técnica y la tecnología avanzadas, podemos liberar todo el potencial del servicio de inteligencia artificial y progresar club hacia una nueva época de invención y hallazgo.

# ESCALABILIDAD MEJORADA

El servicio de IA, el Blockchain y la informática cuántica están revolucionando innegablemente el universo de la ingeniería. En este apartado, nos centraremos en el tercer tema, la mejora de la escalabilidad, que se refiere al poder de esta tecnología para manejar conjuntos de datos y cálculos más grandes y complejos. Uno de los retos importantes a los que se enfrentan los sistemas informáticos tradicionales es su limitada escalabilidad. A medida que los conjuntos de datos y los cálculos se hacen cada vez mayores y más complejos, disminuye la potencia del sistema convencional para manejarlos con eficacia. Con la promoción del servicio de inteligencia artificial, el Blockchain y la informática cuántica, la mejora de la escalabilidad se ha convertido en un mundo. El servicio de IA, o IA, desempeña una función crucial en la consecución de una escalabilidad mejorada. El algoritmo de IA puede analizar y procesar una enorme suma de información a una velocidad sin precedentes. Con una potente y sencilla técnica de aprendizaje automático, el sistema de IA puede entrenarse para realizar tareas específicas con eficacia, mejorando así su escalabilidad. Por ejemplo, en el campo de batalla del reconocimiento mental de imágenes, el algoritmo de IA puede procesar un millón de imágenes en un segundo, identificando la forma y el objeto con notable veracidad. Esta escalabilidad mejorada permite a la IA manejar empresas complejas que antes se consideraban impracticables o que llevaban mucho tiempo, abriendo nuevas posibilidades en diversas esferas como la atención sanitaria, las finanzas y el sistema de transporte. La ingeniería Blockchain también contribuye a mejorar la escalabilidad al revolucionar la forma en que se almacena y procesa la información. Las bases de datos centralizadas tradicionales a menudo se enfrentan a problemas de escalabilidad debido a su naturaleza de punto único de fallo. Blockchain emplea un esquema Leger descentralizado y distribuido en el que la información se almacena en varios nodos, lo que garantiza una escalabilidad mejorada. Cada bloque urbano de la Blockchain contiene un registro fonográfico de múltiples minutos, formando una concatenación interconectada que se almacena y valida mediante una red de ordenadores. Esta construcción descentralizada permite a Blockchain manejar un mayor volumen de actas y cálculos en comparación con el sistema tradicional. Por ejemplo, criptomonedas como Bitcoin y Ethereum pueden procesar miles de minutos por segundo, lo que las hace adecuadas para aplicaciones escalables. La informática cuántica lleva la escalabilidad a un grado totalmente nuevo, aprovechando el principio del mecanismo cuántico. Los ordenadores tradicionales utilizan puntos, que pueden representar un 0 o un 1. Los ordenadores cuánticos utilizan qubits, que pueden existir en un principio de superposición de 0 y 1 simultáneamente. Esta pertenencia única de los qubits permite al ordenador cuántico realizar múltiples cálculos de forma analógica, aumentando exponencialmente su potencia de proceso y escalabilidad. El ordenador cuántico tiene el potencial de resolver problemas complejos que son prácticamente imposibles para el ordenador clásico, como el algoritmo de optimización avanzada, la simulación molecular y el criptoanálisis. La escalabilidad que ofrece la informática cuántica abre nuevas vías para la investigación científica y la promoción tecnológica, y promete descubrimientos en campos como el hallazgo de dosis, el molde financiero y la disciplina científica del clima. La mejora de la escalabilidad en el servicio de inteligencia artificial, el Blockchain y la informática cuántica tiene deducciones de gran alcance. A medida que estas tecnologías se hacen más escalables, permiten aplicaciones y promociones novedosas que antes se consideraban inconcebibles. Por ejemplo, en el reino del servicio de inteligencia artificial, la mejora de la escalabilidad permite la evolución de un sistema más sofisticado e inteligente. Esto tiene deducción en varios sectores, desde el vehículo autónomo que puede navegar por un entorno urbano complejo hasta la especialidad médica personalizada que se basa en un algoritmo de IA para analizar una enorme suma de información sobre el papel de los afectados y proporcionar un plan de intervención a medida. La mejora de la escalabilidad en la ingeniería de Blockchain abre nuevas posibilidades para una aplicación descentralizada transparente que pueda manejar información a gran escala y minutos sin esfuerzo. Esto tiene deducción para el sistema financiero, la dirección de concatenación de provisiones e incluso el sistema de votación, donde la fiabilidad y la escalabilidad son cruciales. La mejora de la escalabilidad en la computación cuántica permite a los científicos abordar problemas complejos y simulaciones que antes estaban más allá de la capacidad de los ordenadores clásicos. Esto tiene el potencial de revolucionar campos como el hallazgo de dosis, el criptoanálisis y el moldeado del clima, donde la escalabilidad es clave para lograr consecuencias exactas y significativas. En decisión, la mejora de la escalabilidad es una faceta fundamental de la promoción en el servicio de la inteligencia artificial, el Blockchain y la informática cuántica. El poder de esta tecnología para manejar conjuntos de datos y cálculos más grandes y complejos allana el camino para nuevas aplicaciones y descubrimientos en diversas esferas. Desde el sistema de IA que puede analizar y procesar grandes cantidades de información hasta la red de cadena de bloques que puede manejar actas a gran escala de forma segura, y el ordenador cuántico que puede resolver problemas exponencialmente más rápido que el ordenador clásico, la mejora de la escalabilidad está revolucionando la forma en que abordamos la ingeniería. A medida que esta tecnología siga evolucionando, su escalabilidad desempeñará una función crucial en la configuración del futuro de la invención, la investigación y la vida cotidiana.

# RETOS Y CONSIDERACIONES

Desafío y consideración Por muy prometedora que sea la integración de la IA, la cadena de bloques y la informática cuántica, también existen importantes desafíos y consideraciones que deben abordarse. Uno de los retos más significativos es la deducción ética del uso de la IA en diversas industrias. Con la inmensa impotencia y capacidad del sistema de IA, existe una creciente preocupación por cuestiones como los corsarios, los prejuicios y la suplantación de ocupaciones. Los sistemas de IA están diseñados para recopilar y analizar grandes cantidades de información, lo que plantea dudas sobre los derechos de los particulares. Se sabe que los sistemas de IA perpetúan los prejuicios, ya que aprenden de la información con la que han sido entrenados. Esto puede dar lugar a un procedimiento de toma de decisiones injusto, sobre todo en ámbitos como el alquiler o el préstamo. El potencial de mecanización de la IA supone una amenaza para la ocupación. A medida que los sistemas de IA se hacen más avanzados, existe el peligro real de que sustituyan a los trabajadores humanos, lo que provocaría un desempleo generalizado y agitación social. Otra controversia es el potencial peligro para la ciberseguridad de la ingeniería Blockchain. Aunque la cadena de bloques se promociona por su función de protección, ha habido casos de infracción y vulnerabilidad incluso en el sistema más seguro. Blockchain funciona en una red descentralizada, lo que dificulta que un pirata informático pueda comprometer todo el esquema. El nodo individual y el monedero siguen siendo vulnerables a los ataques. Se han dado casos de ofertas iniciales fraudulentas (Icon) y esquemas Ponzi en el infinito Blockchain. Estos retos ponen de manifiesto la necesidad de medidas de ciberseguridad sólidas y de una inadvertencia normativa para garantizar la unidad y la oxidación del sistema Blockchain. La informática cuántica, aunque aún se encuentra en su fase incipiente, también aporta su propio conjunto de retos y consideraciones. Uno de los mayores retos es la búsqueda de puntos cuánticos estables, o qubits. Los qubits son la unidad de medida fundamental de la informática cuántica, y son notoriamente delicados y postrados a error. Actualmente, los investigadores están experimentando con diversos sistemas físicos, como el circuito superconductor y el ion atrapado, para conseguir qubits estables. Este sistema se enfrenta a importantes retos técnicos, y no se sabe con certeza cuándo se podrá disponer ampliamente de qubits estables. Otra circunstancia es el impacto de la informática cuántica en la codificación. El ordenador cuántico tiene el potencial de romper muchos de los algoritmos de codificación utilizados hoy en día. Esto podría tener importantes deducciones para la ciberseguridad, ya que la información sensible que antes se creía segura podría descifrarse fácilmente con el ordenador cuántico. Como consecuencia, existe una demanda apremiante para desarrollar un algoritmo de codificación resistente a la cuántica para proteger la información en la época post-cuántica. La integración de la IA, el Blockchain y la informática cuántica requiere una potencia y unos recursos computacionales considerables. Los ordenadores cuánticos, en particular, son notoriamente hambrientos de energía y delicados, y requieren una subestructura y un sistema de refrigeración especializados para mantener su estanqueidad. A medida que aumentan las necesidades de IA, Blockchain y computación cuántica, surge la demanda de desarrollar soluciones informáticas sostenibles y eficientes. Esto incluye la promoción en ironware, como la evolución de un procesador cuántico más eficiente energéticamente, así como la optimización del programa de software para maximizar la eficiencia computacional. La convergencia de estas tecnologías plantea retos legales y normativos. La rápida promoción de la IA, la cadena de bloques y la computación cuántica supera la evolución de la normativa que regula su uso. Esto plantea peligros en ámbitos como los corsarios de información, los derechos de propiedad intelectual y el endeudamiento. Por ejemplo, el uso del algoritmo de IA y el contrato inteligente de Blockchain plantea dudas sobre el endeudamiento en caso de error de esquema autónomo o disputa de declaración. La naturaleza global de esta tecnología hace necesaria la cooperación internacional y la armonización de la regulación para evitar conflictos legales y facilitar la colaboración transfronteriza. Hay que tener en cuenta la deducción social. La aceptación generalizada de la IA, el Blockchain y la informática cuántica transformará diversas industrias y remodelará la fuerza de trabajo. Aunque esta tecnología ofrece beneficios significativos, como el aumento de la eficiencia y la mejora de la capacidad, también habrá ruptura y suplantación. A medida que la ocupación se automatiza, existe la demanda de garantizar que los trabajadores estén equipados con la habilidad y la preparación necesarias para prosperar en esta nueva época. Existe la demanda de abordar la divisoria de aguas digital y garantizar una entrada equitativa a esta tecnología, ya que el beneficio no debe limitarse a unos pocos privilegiados. En decisión, la integración del servicio de inteligencia artificial, el Blockchain y la computación cuántica alberga grandes esperanzas para el futuro. Es esencial abordar el reto y la consideración que conlleva esta tecnología. La preocupación ética, el peligro de la ciberseguridad, el reto técnico, el recurso computacional, el modelo legal y regulador y la deducción social deben considerarse cuidadosamente. Si abordamos estos retos, podremos aprovechar todo el potencial de la IA, la cadena de bloques y la computación cuántica para impulsar la invención y crear un futuro mejor.

# IMPLICACIONES ÉTICAS

A medida que nos adentramos en el universo de la IA, la ingeniería del Blockchain y la informática cuántica, resulta crucial considerar la deducción ética que conlleva esta promoción. El rápido crecimiento e integración del sistema de IA suscita preocupación sobre los corsarios, la libertad y los prejuicios en el procedimiento de toma de decisiones. Con algoritmos de IA que recopilan y analizan una gran cantidad de información personal, existe la posibilidad de que se produzcan violaciones de los derechos de los particulares y de que se abuse de información sensible. La libertad de las personas puede verse comprometida a medida que los sistemas de IA sean más capaces de tomar decisiones en su nombre. En caso de que se utilicen algoritmos de IA para tomar decisiones críticas, como en vehículos autónomos o diagnósticos médicos, existen consideraciones éticas en torno al deber y la responsabilidad. ¿Quién debe responder de la decisión tomada por el sistema de IA? ¿Cómo podemos garantizar que esta decisión es justa e imparcial? La transparencia y la capacidad de explicación del sistema de IA son primordiales para abordar esta preocupación ética y crear confianza entre el mundo y la máquina. La ingeniería de la cadena de bloques, aunque ofrece beneficios potenciales como la mejora de la transparencia y la protección, también plantea cuestiones éticas. La naturaleza descentralizada de Blockchain suscita preocupación sobre la densidad de impotencia y la potencialidad de uso. Por ejemplo, si unos pocos elegidos poseen la mayor parte del poder informático en una red de cadenas de bloques, pueden influir en la toma de decisiones y socavar el ideal democrático de equivalencia y equidad. El uso de Blockchain en áreas como la dirección de concatenación de provisiones y el derecho de propiedad intelectual plantea el problema de los corsarios, ya que la información transaccional se almacena indefinidamente y es accesible a todos los participantes. La llegada de la computación cuántica introduce un nuevo conjunto de ejercicios de deducción ética. Aunque la computación cuántica promete una inmensa potencia de cálculo y el poder de resolver problemas hasta ahora irresolubles, también supone una amenaza para el método de codificación actual. Esto tiene profundas deducciones para la ciberseguridad y los corsarios, ya que la información sensible podría ser potencialmente accedida y explotada por un actor malicioso. La cuestión ética que rodea a esta tecnología requiere una cuidadosa consideración y medidas proactivas para garantizar que su despliegue se alinea con los valores sociales y respeta los derechos humanos. Un ataque multidisciplinar en el que participen ingenieros, especialistas en ética, responsables políticos y la población es esencial para navegar por el panorama en rápida evolución de la IA, la cadena de bloques y la informática cuántica. Promoviendo la transparencia, la responsabilidad y la inclusividad, podemos luchar por la evolución de esta tecnología de un modo responsable y ético. En decisión, a medida que abrazamos la potencialidad transformadora del servicio de inteligencia artificial, la ingeniería del Blockchain y la informática cuántica, se hace imperativo aprehender y abordar su deducción ética. La consideración ética que rodea a los corsarios, la libertad, el prejuicio, la transparencia, la responsabilidad y la densidad de impotencia requieren una edad piloto cuidadosa y una medida proactiva. Con el compromiso multi-disciplinar de las partes interesadas, podemos luchar por la evolución y el despliegue de esta tecnología de forma que defienda el valor social y respete los derechos humanos. A medida que demos forma al futuro de la IA, la cadena de bloques y la informática cuántica, asegurémonos de que nuestra promoción esté impulsada no sólo por el avance científico, sino también por la consideración ética y los comités para el bienestar de la persona y el club como unidad.

# MARCOS NORMATIVOS

El modelo regulador desempeña una función crucial a la hora de gobernar eficazmente los campos en rápida evolución de la IA, la cadena de bloques y la informática cuántica. Con la continua promoción y creciente aceptación de esta tecnología, se hace imperativo establecer normas y reglamentos que salvaguarden los intereses de las distintas partes interesadas. En el caso de la IA, el modelo normativo debe abordar la preocupación ética, la protección de la información, el endeudamiento y la responsabilidad. A medida que los sistemas de IA se vuelven más autónomos y capaces de tomar decisiones, surgen dudas sobre su comportamiento ético y su posible parcialidad. Es crucial que la regulación promueva la transparencia y la equidad en los algoritmos de IA y evite el favoritismo hacia determinados grupos o personas. Es necesaria una regulación que proteja la información personal y sensible en la que se basa el sistema de IA. Garantizar que el algoritmo se adhiere a la política de privacidad establecida y proteger la información frente a las amenazas y violaciones cibernéticas son retos clave que debe abordar el modelo regulador. Del mismo modo, en el caso de la ingeniería de la cadena de bloques, el modelo regulador es esencial para captar su potencial transformador a la vez que se mitigan los riesgos. Blockchain, a menudo asociada con criptomonedas como Bitcoin, tiene el potencial de revolucionar varios sectores, como las finanzas, la dirección de concatenación de provisiones y la atención sanitaria. La naturaleza descentralizada e inmutable de Blockchain airea el reto regulador. Establecer unas directrices claras para la oferta inicial de monedas (Icon), el intercambio de criptodivisas y el contrato inteligente es crucial para evitar la actividad fraudulenta y garantizar la cobertura protectora del inversor. El modelo regulador también debe abordar la preocupación relacionada con el lavado de dinero, la financiación del terrorismo y el equívoco fiscal que se han asociado a las criptodivisas. Alcanzar una proporción entre el fomento de la invención y la protección de los intereses de las partes interesadas sigue siendo un objetivo clave para la regulación del Blockchain. Otro país que requiere un modelo de regulación reflexivo es la informática cuántica. A medida que avanza la informática cuántica, tiene el potencial de alterar el método de codificación actual y plantear importantes deducciones para la protección nacional. El modelo regulador debe tener en cuenta esta preocupación y garantizar que la informática cuántica se aprovecha de forma responsable y transparente. El desarrollo de normas de codificación resistentes a los ataques cuánticos debe ser una prioridad. El modelo regulador debe abordar la deducción ética de la informática cuántica, sobre todo en el contexto lingüístico de la adquisición de la máquina cuántica simple y el algoritmo de optimización. Unas directrices claras para el uso responsable de la informática cuántica en ámbitos como las finanzas, la sanidad y los servicios de inteligencia artificial son cruciales para mitigar el peligro potencial y el dilema ético. Aunque el modelo regulador es esencial, también debe ser flexible y adaptable para atender a la rápida evolución del panorama de esta tecnología. Encontrar la proporción adecuada entre la promoción de la invención y la protección de los intereses de la sociedad es una tarea compleja a la que se enfrentan los reguladores. Una regulación excesivamente onerosa podría ahogar la invención e impedir el beneficio potencial de esta tecnología. El modelo regulador debe diseñarse en audiencia con expertos en fabricación, investigadores y otras partes interesadas para garantizar que abordan eficazmente el desafío único que plantean la IA, la cadena de bloques y la informática cuántica. La coacción internacional y la armonización de la normativa también son fundamentales en este contexto lingüístico. Dada la naturaleza global de esta tecnología, un modelo normativo incoherente entre los distintos poderes jurídicos puede suponer un reto para las empresas y obstaculizar la promoción tecnológica. El establecimiento de normas y directrices internacionales puede promover la interoperabilidad, fomentar la cooperación y permitir la integración sin fisuras de esta tecnología más allá de las fronteras. El intento de colaboración a través de organizaciones como la Organización Internacional de Normalización (ISO) y la Unión Internacional de Telecomunicaciones (UIT) puede facilitar la evolución de un modelo normativo armonizado. En la toma de decisiones, el modelo regulador es de suma importancia para gobernar los campos del servicio de inteligencia artificial, la cadena de bloques y la informática cuántica. Estas tecnologías tienen el potencial de revolucionar diversas industrias y la sociedad, pero también plantean retos y peligros únicos que requieren unas directrices y una regulación claras. La preocupación ética, la protección de la información, el endeudamiento y la responsabilidad son algunas de las áreas clave que deben abordarse en el modelo regulador. Es esencial encontrar una proporción entre la promoción de la invención y la protección de los intereses de las partes interesadas. La fle-

221

xibilidad, la adaptabilidad, la coacción internacional y la armonización de la regulación son factores clave que deben tenerse en cuenta para garantizar una administración eficaz de esta tecnología transformadora.

# COMPLEJIDAD COMPUTACIONAL

Otro tema destacado en el campo de batalla del servicio de inteligencia artificial y la disciplina científica de las máquinas de computación son los complejos computacionales. Los complejos computacionales hacen referencia al estudio de los recursos necesarios para resolver un trabajo computacional. Este recurso puede incluir clip, memoria y comunicación, entre otros. El estudio de los complejos computacionales tiene como objetivo comprender los problemas inherentes a la resolución de distintos tipos de problemas y desarrollar algoritmos eficaces que puedan resolverlos dentro de un límite de tiempo razonable. Se utilizan varias medidas para analizar los complejos de un algoritmo, y una de las más utilizadas es el complejo de tiempo. Los complejos de tiempo se refieren a la suma de clips que necesita una regla algorítmica para resolver un trabajo como función matemática del tamaño de la señal de entrada. Proporciona una estimación de cuánto tardará en ejecutarse una regla algorítmica a medida que aumenta el tamaño de la señal de entrada. Este paso es esencial para comprender la escalabilidad y eficiencia del algoritmo, especialmente cuando se trata de grandes conjuntos de datos. Un sistema notacional muy utilizado para describir los complejos de clips del algoritmo es el sistema notacional Big oxygen. El sistema notacional de oxígeno grande expresa el límite superior de la carga creciente por unidad de los complejos de clips de una regla algorítmica. Por ejemplo, una regla algorítmica con un complejo de clips de oxígeno (nitrógeno) indica que el clip de ejecución de la regla algorítmica crece linealmente con el tamaño de la señal de entrada. Por otro lado, una regla algorítmica con un complejo de grapas de oxígeno (1) tiene una grapa de ejecución constante, independientemente del tamaño de la señal de entrada. Comprender los complejos de clip del algoritmo es crucial porque permite al programador y al investigador tomar decisiones informadas sobre la escalabilidad y la eficacia de su codificación. Por ejemplo, si una regla algorítmica concreta tiene un complejo de clip de oxígeno IA ($n^2$), significa que el clip de ejecución de la regla algorítmica crecerá cuadráticamente a medida que aumente el tamaño de la señal de entrada. En tal caso, podría ser necesario considerar un algoritmo alternativo u optimizar la codificación existente para mejorar la escalabilidad. Aparte de los complejos de clip, otra faceta importante de los complejos computacionales son los complejos infinitos. Los complejos infinitos se ocupan de la suma de recordatorios requeridos por una regla algorítmica como función matemática del tamaño de la señal de entrada. Al igual que los complejos de clip, los complejos infinitos proporcionan una estimación de la cantidad de recuerdo que consumirá una regla algorítmica a medida que aumente el tamaño de la señal de entrada. Este paso es especialmente relevante en situaciones en las que el recuerdo es limitado, como en sistemas integrados o dispositivos móviles. De forma similar a los complejos de clips, los complejos infinitos también pueden describirse utilizando un sistema notacional de oxígeno grande. Por ejemplo, una regla algorítmica con un complejo infinito de oxígeno IA (1) indica que la suma de recuerdo requerida por la regla algorítmica permanece constante, independientemente del tamaño de la señal de entrada. En cambio, una regla algorítmica con un complejo infinito de oxígeno IA (nitrógeno) requiere una

224

memoria proporcional al tamaño de la señal de entrada. Ser consciente de los complejos infinitos es crucial para desarrollar un algoritmo eficiente, sobre todo cuando se trata de grandes conjuntos de datos. Al comprender cómo devora memoria un algoritmo, el desarrollador puede optimizar su codificación y reducir la ingestión de memoria, lo que conduce a una mejor presentación pública. Los complejos computacionales también abarcan el estudio de los complejos de comunicación. Los complejos de comunicación se centran en comprender la suma de comunicación necesaria entre las distintas partes de un esquema distribuido. Este paso es especialmente relevante en situaciones que implican procesos paralelos a gran escala o informática distribuida. Analizando los complejos de comunicación de un esquema, el investigador puede evaluar la eficacia y escalabilidad del algoritmo distribuido, lo que permite diseñar un sistema más eficaz. Por ejemplo, en la red Blockchain, minimizar los complejos de comunicación es crucial para garantizar minutos rápidos y seguros a través de la red. Los complejos computacionales desempeñan una función importante en diversos ámbitos de la disciplina científica de la máquina informática y el servicio de inteligencia artificial. Permiten al investigador y al profesional comprender la dificultad intrínseca de resolver un problema informático y desarrollar algoritmos eficientes que puedan abordar este problema con una limitación razonable de clip y recursos. Mediante el estudio de los complejos de clip, los complejos infinitos y los complejos comunicantes, los expertos en el campo de batalla pueden penetrar en la restricción y la capacidad de diferentes algoritmos, allanando el camino para la promoción en el servicio de inteligencia artificial, el Blockchain y la informática cuántica. La evolución y promoción del

225

servicio de inteligencia artificial, la ingeniería Blockchain y la informática cuántica están revolucionando diversos sectores e industrias en toda la Tierra. Estas tres tecnologías de última generación están provocando una transformación significativa en distintos ámbitos, como las finanzas, la sanidad, el sistema de transporte e incluso la administración. A medida que el servicio de inteligencia artificial sigue evolucionando y mejorando, se está integrando en un amplio ámbito de aplicaciones y sistemas, permitiendo a la máquina replicar el servicio de inteligencia similar al humano y realizar tareas que antes eran exclusivas del mundo. Desde los chatbots y el asistente personal virtual hasta el vehículo autónomo y la robótica avanzada, la IA se está convirtiendo cada vez más en una parte integral de nuestra vida cotidiana. Uno de los ascensos clave en la IA es la simple adquisición de la máquina, un procedimiento que permite a la máquina aprender de la información sin ser programada explícitamente. Este poder de aprendizaje y adaptación hace que las máquinas de IA sean muy eficientes y capaces de enfrentarse a empresas complejas. Por ejemplo, en el campo de batalla de la asistencia sanitaria, se están utilizando sistemas impulsados por IA para diagnosticar enfermedades, analizar imágenes médicas e incluso desarrollar planes de intervención. Este sistema es capaz de procesar una gran cantidad de información médica e identificar formas y tendencias que pueden pasar desapercibidas al médico humano. Del mismo modo, el desarrollo de la ingeniería Blockchain ha provocado un desplazamiento del prototipo en industrias como las finanzas y la dirección de concatenación de provisiones. Blockchain es un Leger distribuido que permite la obtención de actas cristalinas y descentralizadas. Elimina la demanda de mediador y permite a los participantes establecer confianza sin depender de una autorización central. Esta ingeniería tiene importantes deducciones para las actas financieras, ya que proporciona un registro fonográfico procurado y a prueba de manipulaciones de todas las actas, reduciendo la impostura y mejorando la responsabilidad. Blockchain también se está utilizando para mejorar la dirección de la concatenación de provisiones, proporcionando transparencia y trazabilidad a lo largo de todo el procedimiento. Por ejemplo, la fabricación de nutrientes puede utilizar Blockchain para rastrear el origen de las mercancías, garantizando que proceden de un proveedor ético y que son seguras para su ingestión. Otra ingeniería que está llamada a revolucionar el universo es la computación cuántica. A diferencia de los ordenadores clásicos, que utilizan puntos para representar la información, los ordenadores cuánticos utilizan puntos cuánticos o qubits, que pueden existir en varios estados al mismo tiempo. Estas propiedades del principio de superposición permiten al ordenador cuántico realizar cálculos complejos a una carga por unidad exponencialmente más rápida que la del ordenador clásico. Además de la velocidad, el ordenador cuántico también tiene la capacidad de resolver problemas que actualmente se consideran irresolubles debido a su complejidad. La informática cuántica tiene el potencial de desbloquear descubrimientos en diversos campos, como la búsqueda de dosis, los problemas de optimización y el criptoanálisis. Por ejemplo, una empresa farmacéutica puede utilizar el ordenador cuántico para simular y comprender el comportamiento de una molécula compleja, lo que acelerará significativamente el procedimiento de búsqueda de dosis. Del mismo modo, el problema de optimización en la industria, como la logística y el sistema de transporte, puede resolverse de forma más eficaz utilizando un algoritmo cuántico, lo que conducirá a una disminución de los costes y a una mejora de la eficacia. A pesar de su inmenso potencial, esta tecnología también conlleva ciertos retos y preocupaciones. Con la IA, existe una discusión permanente en torno al motivo ético y los corsarios. A medida que el sistema de IA se hace más autónomo y capaz de tomar decisiones, surge la cuestión de quién es responsable en caso de error o perjuicio causado por este sistema. Preocupan los privatizadores de información personal, ya que la IA depende en gran medida del acceso a una gran cantidad de información para aprender y funcionar eficazmente. Del mismo modo, la ingeniería de Blockchain se enfrenta a retos relacionados con la escalabilidad, la ingestión gratuita de energía y el modelo regulador. Aunque Blockchain proporciona transparencia, protección y descentralización, también consume una importante suma de energía gratuita debido a su mecanismo de consenso. El modelo regulador en torno a Blockchain aún está evolucionando, y el gobierno y los responsables políticos están lidiando con la deducción legal y el peligro potencial asociado a esta ingeniería. La computación cuántica presenta un reto de protección, especialmente para el sistema criptográfico actual. La inmensa impotencia computacional del ordenador cuántico podría romper el algoritmo criptográfico actual, comprometiendo la protección de la información sensible. Esto ha llevado a una subespecie a desarrollar criptoanálisis resistentes al quantum para garantizar la protección de la información en la época cuántica. En decisión, el servicio de inteligencia artificial, la ingeniería de Blockchain y la informática cuántica están impulsando una gran promoción e invención en diversas industrias. La IA está permitiendo que las máquinas reproduzcan servicios de inteligencia similares a los humanos, la cadena de bloques está revolucionando la industria al proporcionar actas transparentes y seguras, y la informática cuántica está preparada para resolver problemas complejos a una velocidad sin precedentes. Junto con esta promoción llegan retos y preocupaciones en relación con el motivo ético, los corsarios, la escalabilidad, la ingestión de energía libre y la protección. A medida que esta tecnología siga evolucionando y madurando, es crucial abordar estas cuestiones y garantizar que se aprovechan para la mejora del club.

# VI. IMPLICACIONES FUTURAS Y CUESTIONES ÉTICAS

La deducción futura de la combinación del servicio de inteligencia artificial, Blockchain y la informática cuántica son vastas y de gran alcance. Esta promoción tecnológica tiene el potencial de transformar la industria y remodelar el club en profundo deslizamiento. Una de las deducciones más significativas es el potencial de la IA y el Blockchain para trastornar la industria tradicional y el modelo de empresa. Con el poder de la IA para analizar grandes cantidades de información y tomar decisiones complejas, las empresas pueden agilizar sus operaciones comerciales, mejorar la eficiencia y reducir costes. Por otro lado, la cadena de bloques ofrece una transparencia y protección sin precedentes, permitiendo a las empresas crear registros a prueba de manipulaciones y actas seguras. Cuando se combinan, la impotencia de la IA y el Blockchain puede revolucionar sectores como las finanzas, la sanidad, la dirección de concatenación de provisiones e incluso las operaciones comerciales de las autoridades. En el ámbito de las finanzas, la IA y el Blockchain pueden mejorar la eficacia y la protección de las actas. Por ejemplo, un algoritmo de comercio impulsado por IA puede analizar la información del mercado y poner fin al comercio a la velocidad del rayo, reduciendo potencialmente el riesgo de error humano y aumentando la rentabilidad. Mientras tanto, la ingeniería Blockchain puede proporcionar un Leger inmutable de actas, permitiendo un pago transfronterizo más rápido y seguro. La IA puede aplicarse para detectar impostores y actividades de lavado de dinero, ayudando a las instituciones financieras a cumplir la normativa y prevenir los delitos económicos. En la atención sanitaria, la integración de la IA y el Blockchain puede suponer una mejora significativa en la atención al papel afectado y la investigación médica. El algoritmo de IA puede analizar una enorme cantidad de información sobre el papel afectado, identificando la forma y prediciendo la enfermedad en una fase temprana. Esto puede ayudar a ofrecer un tratamiento personalizado y mejorar los resultados de los pacientes. Blockchain puede mejorar la protección y la privacidad de los historiales médicos mediante una técnica descentralizada de almacenamiento y codificación, garantizando que la información sensible del paciente siga siendo confidencial y a prueba de manipulaciones. El uso de esta tecnología también puede acelerar el procedimiento de búsqueda de dosis, ya que el algoritmo de IA puede analizar rápidamente una gran cantidad de datos científicos e identificar posibles campañas de dosis, mientras que Blockchain garantiza la unidad y la trazabilidad de la información de las pruebas clínicas. Aunque esta promoción supone una oportunidad notable, también plantea preocupaciones éticas que deben abordarse. La primera preocupación gira en torno a la suplantación de la ocupación. A medida que la IA se vuelve cada vez más capaz de automatizar tareas que antes realizaba exclusivamente el mundo, preocupa el desempleo por lotes y la desigualdad económica. Es crucial garantizar que los beneficios de esta tecnología se compartan de forma equitativa y que se tomen medidas para reciclar y descualificar a los trabajadores cuyas ocupaciones corren el riesgo de ser automatizadas. Otro problema ético importante es la posibilidad de prejuicios y favoritismos en los algoritmos de IA. Los sistemas de IA se entrenan con grandes conjuntos de datos que a menudo reflejan los prejuicios presentes en el club, lo que conduce a resultados discriminatorios. Por ejemplo, se ha descubierto que el sistema de reconocimiento facial muestra prejuicios raciales, identificando erróneamente con más frecuencia a las personas con un tono argumental oscuro. Para combatir esto, es esencial desarrollar y aplicar una regulación estricta que promueva la equidad, la transparencia y la responsabilidad en el algoritmo de IA. La privacidad también es un cuidado ético primordial en el periodo histórico de la IA, el Blockchain y la informática cuántica. El poder de esta tecnología para procesar grandes cantidades de información personal suscita preocupación por la posible violación de la privacidad y la vigilancia. Es crucial establecer un modelo sólido de cobertura protectora de la información que priorice el derecho de los particulares a la persona, garantizando que la información se maneja de forma segura y con aceptación. La naturaleza inmutable de Blockchain plantea dudas sobre el derecho al olvido y la permanencia de la información almacenada en el Leger. Encontrar una proporción entre el beneficio de la transparencia y el derecho de la persona de los corsarios es una disputa que hay que abordar. Un último cuidado honorable es la posibilidad de que el sistema autónomo de IA actúe de forma perjudicial o moralmente ambigua. A medida que los algoritmos de IA se hacen cada vez más complejos y autónomos, existe el peligro de que se produzcan consecuencias no deseadas o se utilicen de forma malintencionada. Por ejemplo, en un vehículo autónomo, el procedimiento de toma de decisiones del algoritmo puede conducir a un dilema ético. ¿Debe un coche autoconducido dar prioridad al refugio de su pasajero sobre el de los peatones? La evolución de las directrices y normativas éticas es necesaria para garantizar que los sistemas de IA se diseñen y programen con un conjunto de principios y valores éticos. En decisión, la combinación de servicios de inteligencia artificial, Blockchain y computación cuántica encierra un inmenso potencial para transformar la industria y la sociedad. Desde permitir unos minutos financieros más eficientes hasta mejorar los resultados de la atención sanitaria, esta tecnología ofrece numerosos beneficios. No deben pasarse por alto las consideraciones éticas. Abordar preocupaciones como la suplantación de ocupaciones, los prejuicios en los algoritmos, la violación de los derechos de los particulares y el comportamiento ético de los sistemas autónomos es primordial para garantizar la evolución y el uso responsables de esta tecnología para la mejora del club. Adoptando un ataque proactivo y multidisciplinar, podemos aprovechar la impotencia de esta tecnología al tiempo que defendemos el principio ético.

# PREDICCIONES SOBRE LA FUTURA INTEGRACIÓN DE ESTAS TECNOLOGÍAS

Se espera que la integración del servicio de inteligencia artificial, el Blockchain y la informática cuántica configure el futuro de diversas industrias y revolucione la forma en que vivimos y trabajamos. Los expertos predicen que esta tecnología se entrelazará cada vez más, complementando y potenciando la capacidad de cada una. Una de las principales previsiones es la aparición de una red inteligente de cadenas de bloques que aproveche la impotencia de la informática cuántica. A medida que los ordenadores cuánticos sean más potentes y eficientes, podrán resolver complejos algoritmos matemáticos y rompecabezas criptográficos a una velocidad sin precedentes. Esto mejorará enormemente la protección y escalabilidad de la red Blockchain, haciéndolas más resistentes a los ataques y capaces de manejar una enorme cifra de minutos. El poder de la computación cuántica para analizar una suma masiva de información y darle forma permitirá al sistema de servicios de inteligencia artificial hacer predicciones más precisas y tomar decisiones informadas. Esta integración permitirá que el contrato inteligente no sólo ejecute el tiempo predefinido, sino que también se adapte y evolucione en función de la información en tiempo real, lo que dará lugar a un procedimiento de contratación más dinámico y eficaz. La combinación de esta tecnología permitirá la auditoría y la transparencia en tiempo real y a prueba de manipulaciones en los hierros de provisión, el sistema financiero y otras industrias. Utilizando el algoritmo del servicio de inteligencia artificial para analizar la información de Blockchain, la empresa puede obtener una valiosa penetración en sus operaciones comerciales, identificar la ineficacia y agilizar su procedimiento. También se espera que la integración de esta tecnología suponga una promoción significativa en la atención sanitaria. Con el poder de los servicios de inteligencia artificial para analizar grandes conjuntos de datos, la inigualable potencia computacional de la computación cuántica y la naturaleza inmutable y transparente de Blockchain, el diagnóstico y la intervención de enfermedades mejorarán enormemente. Aprovechando la integración de esta tecnología, los médicos y los profesionales de la salud podrán introducir y porcionar información sobre los pacientes de forma segura, predecir el tiempo médico antes de que se produzca y desarrollar un plan de intervención personalizado. La integración de la informática cuántica y el Blockchain mejorará la protección de los historiales médicos, protegiendo la información sensible de los pacientes de los ciberataques, al tiempo que permite a las personas autorizadas acceder a ella cuando sea necesario. Otro país en el que se prevé que la integración de esta tecnología tendrá un profundo impacto es el sector financiero. El algoritmo del servicio de IA impulsado por la informática cuántica permitirá un sistema de detección de impostores más sofisticado y preciso. El algoritmo de aprendizaje automático analizará grandes cantidades de información en tiempo real, identificando actividades y formas sospechosas que un analista humano podría pasar por alto. La transparencia e inmutabilidad de la cadena de bloques mejorará aún más la protección y unidad de las actas financieras, reduciendo el riesgo de impostores y errores. La integración de esta tecnología democratizará el acceso a los servicios financieros. La plataforma impulsada por Blockchain puede proporcionar un servicio bancario descentralizado a la población no bancarizada, permitiéndole almacenar valor económico, minutos de comportamiento y acceder a préstamos sin la necesidad de un mediador financiero tradicional. La integración del servicio de inteligencia artificial y Blockchain podría revolucionar el mercado de inventarios. Con sencillos algoritmos de aprendizaje automático que analizan una enorme suma de información, el inversor puede tomar decisiones más informadas, predecir la tendencia del mercado e identificar oportunidades de inversión rentables. La integración de esta tecnología también tendrá un impacto significativo en la fabricación de energía libre. La combinación de Blockchain y el comienzo de la energía libre renovable permitirá la actividad creativa de la red de energía libre descentralizada, donde el usuario puede producir, consumir y fabricar energía libre de igual a igual. La plataforma de comercio de energía libre basada en Blockchain permitirá a personas y empresas comprar y vender directamente el exceso de energía libre, reduciendo la dependencia del proveedor centralizado de energía libre y promoviendo la sostenibilidad. Utilizando el servicio de inteligencia artificial y la informática cuántica, la empresa de energía libre puede optimizar sus operaciones comerciales, predecir las necesidades de energía libre y asignar los recursos de forma más eficiente. El resultado será un sistema de energía libre más sostenible y resistente, capaz de adaptarse a los cambios meteorológicos y de hacer frente a la creciente demanda de energía libre limpia. En la toma de decisiones, la integración del servicio de inteligencia artificial, el Blockchain y la

informática cuántica está llamada a revolucionar varias industrias y a remodelar el futuro. La integración inteligente de esta
tecnología conducirá a un sistema más rápido, eficaz y de mayor
aprovisionamiento que puede desbloquear un grado de invención y productividad sin precedentes. Desde la sanidad a las
finanzas, pasando por la energía libre, las posibilidades de esta
tecnología integrada son amplias y prometedoras. Como ocurre
con cualquier ingeniería emergente, habrá retos y consideraciones éticas que habrá que abordar. A medida que avanzamos, es
crucial garantizar que la integración de esta tecnología se guíe
por principios responsables e inclusivos, que provoquen una alteración positiva para el club como unidad.

# IMPACTOS SOCIOECONÓMICOS

El desarrollo y la promoción de los servicios de inteligencia artificial, Blockchain y computación cuántica tienen un profundo impacto socioeconómico que está transformando diversos sectores en todo el planeta. La integración de la IA en distintos sectores, como la sanidad, las finanzas y el transporte, ha revolucionado la forma en que se realiza el trabajo, aumentando la productividad y la eficiencia. Los autómatas y algoritmos impulsados por la IA tienen el potencial de hacerse cargo de tareas repetitivas y mundanas, permitiendo al trabajador humano centrarse en empresas más complejas y creativas. Este desplazamiento en la cinética laboral puede dar lugar a la suplantación de ocupaciones y a la ruptura de la mano de obra, ya que ciertas ocupaciones se vuelven obsoletas con el ascenso de la mecanización. Es esencial señalar que, aunque la IA puede eliminar algunas funciones de ocupación, también crea nuevas oportunidades de empleo en áreas como el pensamiento analítico de la información, la adquisición de máquinas simples y la evolución de la IA. Las repercusiones socioeconómicas de la ingeniería Blockchain son igualmente significativas. Blockchain, un Leger digital descentralizado y transparente, tiene el potencial de transformar varios sectores, como las finanzas, la dirección de concatenación de provisiones y la atención sanitaria. La naturaleza distribuida de Blockchain garantiza que todas las actas se registran y almacenan de forma segura, reduciendo el peligro de impostores y de uso. En el ámbito financiero, Blockchain tiene el potencial de agilizar el procedimiento, eliminar mediadores y aumentar la eficiencia. Las criptomonedas basadas en Blockchain, como Bitcoin, han surgido como método alternativo de sufragar e invertir, perturbando el esquema bancario tradicional. La aceptación generalizada de la ingeniería Blockchain no está exenta de desafíos. Es necesario abordar cuestiones relacionadas con la escalabilidad, los privatizadores y el modelo regulador para aprovechar plenamente el beneficio socioeconómico potencial de esta ingeniería innovadora. La informática cuántica es otra promoción tecnológica con importantes repercusiones socioeconómicas. A diferencia de los ordenadores clásicos, que almacenan y procesan información en puntos IA 0s y 1s), los ordenadores cuánticos utilizan puntos cuánticos o qubits, que pueden existir en múltiples estados simultáneamente. Esto permite al ordenador cuántico realizar cálculos complejos a una velocidad sin precedentes, revolucionando campos como el criptoanálisis, la búsqueda de dosis y los problemas de optimización. La informática cuántica tiene el potencial de romper el método de codificación actual, lo que supone tanto una oportunidad como una amenaza para la ciberseguridad. Aunque puede permitir un protocolo de comunicación más seguro, también supone un reto a la hora de garantizar la privacidad de la información y la cobertura de protección. La informática cuántica tiene deducciones para diversas industrias, incluidas las finanzas, donde puede permitir un pensamiento analítico de la información y una valoración del riesgo más rápidos y precisos. La aceptación generalizada de la informática cuántica se encuentra aún en su fase inicial, con importantes retos tecnológicos y de subestructura por superar. Las repercusiones socioeconómicas de esta tecnología transformadora no se limitan a un sector específico, sino que se extienden a la sociedad en su conjunto. La ejecución de la IA, el Blockchain y la informática cuántica requiere que las personas y las organizaciones se adapten a un panorama tecnológico que cambia rápidamente. Esto requiere un procedimiento continuo de actualización y descualificación para seguir siendo relevantes en el mercado laboral. Hay que considerar cuidadosamente las deducciones éticas de esta tecnología. Por ejemplo, un algoritmo de IA puede perpetuar los prejuicios o dar lugar a resultados perjudiciales si no se desarrolla, prueba y supervisa adecuadamente. Del mismo modo, hay que garantizar la transparencia y la responsabilidad del sistema Blockchain para evitar su uso o abuso. Hay que abordar el impacto social de la mecanización y la suplantación de la ocupación, centrándose en proporcionar refuerzo y oportunidad a las personas afectadas para la transición a una nueva función o industria. La aceptación de esta tecnología puede exacerbar la desigualdad socioeconómica existente. A medida que las organizaciones y las personas con mayor acceso a recursos y capital circulante invierten en IA, Blockchain e informática cuántica, se corre el riesgo de ampliar la brecha digital. Es crucial salvar esta brecha promoviendo la inclusión y el acceso equitativo a esta tecnología transformadora. El gobierno, los responsables políticos y las instituciones educativas desempeñan una función vital a la hora de garantizar que los beneficios de esta tecnología se distribuyan de forma justa, al tiempo que se abordan los retos sociales que surgen de su ejecución. En decisión, las repercusiones socioeconómicas del servicio de inteligencia artificial, la cadena de bloques y la informática cuántica son profundas y de gran alcance. Estas tecnologías tienen el potencial de revolucionar la industria, aumentar la productividad y la eficiencia y crear nuevas oportunidades de empleo. También plantean retos como la suplantación de la ocupación, la consideración ética y la desigualdad socioeconómica. Para aprovechar plenamente los beneficios de esta tecnología transformadora, se requiere un ataque multifacético, centrado en la adquisición continua, la evolución ética, la inclusividad y la entrada equitativa. En consecuencia, la integración efectiva de la IA, la cadena de bloques y la computación cuántica puede dar forma a un futuro que sea tanto tecnológicamente avanzado como social y económicamente inclusivo.

# CONSIDERACIONES ÉTICAS

Consideración ética En el periodo histórico de rápida promoción tecnológica, la deducción ética de la Inteligencia Artificial, la cadena de bloques y la computación cuántica se han convertido en algo de la máxima grandeza. A medida que esta tecnología sigue desarrollándose e integrándose en diversos sectores del club, no pueden ignorarse las consecuencias potenciales que pueden tener sobre la persona, la comunidad y el cuadro ético general. Una de las consideraciones éticas fundamentales en torno a la IA es el número de corsarios y la protección de la información. Dado que la IA depende en gran medida de una vasta suma de información personal para hacer predicciones y tomar decisiones precisas, existe la exigencia de garantizar que esta información se recopile y utilice de un modo ético. La entrada no autorizada o el abuso de información personal puede vulnerar el derecho de privacidad de una persona y tener graves consecuencias, como el robo o el uso de la identidad personal. Para hacer frente a este problema, deben establecerse directrices y normativas éticas que regulen la recopilación, el almacenamiento y el uso de la información dentro del sistema de IA. Otra circunstancia ética que se deriva de la promoción de la IA es el posible impacto sobre el empleo y la desigualdad socioeconómica. La mecanización y la eficiencia que proporciona la IA pueden alterar significativamente la industria y Pb a la suplantación de ocupaciones. Aunque esto puede suponer un cambio positivo en cuanto a la productividad y el crecimiento económico, también suscita preocupación por la posible privación de ocupación y el aumento de la desigualdad entre ricos y pobres. Es esencial garantizar que los beneficios de la IA se distribuyan equitativamente y que existan planes adecuados de refuerzo y reciclaje para ayudar a las personas que corren el riesgo de perder su empleo debido al ascenso tecnológico. Es crucial abordar cualquier sesgo que pueda existir dentro de los algoritmos de IA que pueda perpetuar el favoritismo o la desigualdad de oportunidades, ya que esto puede exacerbar aún más la disparidad socioeconómica existente. Blockchain, por otro lado, introduce un nuevo ejercicio de consideración ética, especialmente en el contexto lingüístico de la transparencia y la responsabilidad. La naturaleza descentralizada de la ingeniería Blockchain ofrece una solución potencial para mejorar la transparencia y la fiabilidad, especialmente en áreas como las actas financieras y los hierros de provisión. También suscita preocupación el posible abuso de esta ingeniería para actividades ilícitas y los problemas para responsabilizar a las personas de sus actos. Dado que la información almacenada en una cadena de bloques es inmutable y no puede manipularse, existe la exigencia de garantizar que la información registrada sea exacta y verificada. La evolución del contrato inteligente y de la aplicación descentralizada debe adherirse al principio ético para evitar actividades fraudulentas o maliciosas que puedan explotar la vulnerabilidad dentro del esquema. La informática cuántica, una ingeniería que aún está en pañales, presenta un desafío ético único. Su enorme potencia de proceso tiene el potencial de revolucionar campos como el criptoanálisis y la investigación farmacéutica. También suscita preocupación sobre la protección y la privacidad de la información sensible, que podría verse comprometida con la llegada de potentes ordenadores cuánticos. El método de codificación utilizado actualmente para salvaguardar la información sensible podría quedar obsoleto, lo que supondría una amenaza tanto para las personas como para las organizaciones. Las consideraciones éticas en torno a la computación cuántica requieren la evolución de un método de codificación robusto que pueda resistir la impotencia del cálculo cuántico, así como la constitución de unas directrices éticas para el uso responsable de esta ingeniería. En decisión, el rápido avance de la IA, el Blockchain y la computación cuántica exigen una cuidadosa circunstancia de su deducción ética. Es necesario abordar las preocupaciones éticas en torno a la protección de los privados y la información, la desigualdad socioeconómica, la transparencia y la responsabilidad para garantizar que esta tecnología se desarrolle e implemente de un modo que beneficie al club como unidad. La creación de directrices y normativas éticas es crucial para regular el uso de la información personal dentro del sistema de IA y evitar la entrada no autorizada o el abuso de la información. También deben tomarse medidas para mitigar el posible impacto de la IA en el empleo y la disparidad socioeconómica, garantizando que los beneficios de esta tecnología se distribuyan equitativamente. Del mismo modo, la evolución del Blockchain y de la informática cuántica debe atenerse a principios éticos para promover la transparencia, la verdad y el uso responsable de esta tecnología. Si se aborda esta consideración ética de forma proactiva, el club podrá aprovechar todo el potencial de esta tecnología, minimizando al mismo tiempo el peligro potencial que suponen.

# PRIVACIDAD DE LOS DATOS

La privacidad de los datos es una cuestión crítica en el club digital de hoy en día, donde varias organizaciones recopilan y almacenan constantemente grandes cantidades de información personal. Con el rápido avance de la ingeniería, como la IA, la cadena de bloques y la informática cuántica, la necesidad de proteger a los privados de información personal se ha vuelto aún más crucial. La IA, por ejemplo, tiene el potencial de aumentar enormemente la eficiencia y eficacia del proceso de información y el pensamiento analítico. También plantea un reto importante a los privatizadores de información, ya que recopila y analiza un gran volumen de información personal. Esto suscita preocupación sobre cómo se está utilizando esta valiosa información y si se están protegiendo adecuadamente los derechos de los privados de información. Del mismo modo, la ingeniería Blockchain, que promete actas procuras y transparentes, también preocupa a los privatizadores. Aunque Blockchain garantiza la inmutabilidad y la unidad de la información gracias a su naturaleza descentralizada, puede limitar a los corsarios, ya que todas las actas son visibles para todos los participantes en la red. Surge la preocupación de cómo esta transparencia puede afectar a los corsarios, especialmente en lo que respecta a la información sensible. La informática cuántica, con su potencial transformador en el proceso y codificación de la información, presenta tanto una oportunidad como un reto para los privatizadores de información. Por un lado, la informática cuántica puede permitir métodos de codificación más potentes que protejan la información personal y faciliten la transmisión de la información. Por otro lado, también introduce una amenaza potencial para el algoritmo de codificación existente, haciendo que la información personal sea más vulnerable a la entrada no autorizada. Esta promoción de la ingeniería plantea importantes cuestiones sobre la proporción entre invención, corsarios de información y protección. Para hacer frente a estas preocupaciones, es crucial establecer una regulación y un modelo sólidos que den prioridad a los corsarios de la información. La colaboración entre el gobierno, las organizaciones y las personas es esencial para desarrollar y aplicar un plan eficaz de protección de la información personal. Una faceta clave de los corsarios de la información es la excepción informada. Las personas deben tener derecho a saber cómo se recopila, almacena y utiliza su información. Debe existir un procedimiento de aceptación cristalino y fácilmente comprensible para garantizar que la persona es plenamente consciente de lo que está aceptando. La persona debe tener el poder de controlar su información personal, incluido el campo derecho a solicitar su omisión o rectificación en caso necesario. Otra faceta esencial de la privacidad de la información es la minimización de los datos. La organización sólo debe recopilar y conservar la cantidad mínima de información personal necesaria para un fin específico. La regla de la minimización de la información ayuda a reducir el riesgo de entrada no autorizada y abuso de la información personal. La técnica de anonimización de la información debe emplearse para proteger a los particulares, incluso cuando la información se comparte con fines de investigación o de bienestar público. Al eliminar la información personal identificable, la anonimización puede ayudar a mitigar

248

el riesgo de privacidad asociado al intercambio de información. Además de la regulación, las soluciones tecnológicas también pueden desempeñar una función crucial en la mejora de la privacidad de la información. Por ejemplo, la tecnología de mejora de la privacidad, como los corsarios diferenciales, puede emplearse para proteger a los corsarios personales sin dejar de permitir un pensamiento analítico de la información útil. Los corsarios de funciones derivadas añaden disonancia a los conjuntos de datos para garantizar que la información personal de las personas no pueda volver a identificarse, salvaguardando así a sus corsarios. Del mismo modo, una técnica de codificación como la codificación homomórfica puede permitir a la persona mantener la condición de control sobre su información, incluso cuando se utiliza para realizar cálculos. La codificación homomórfica permite realizar cálculos sobre información cifrada sin descifrarla, preservando así a los privados de la información subyacente. La ejecución de un sistema de identidad personal descentralizado puede facultar a la persona para mantener la condición de control sobre su información personal. Con la identidad personal descentralizada, la persona puede gestionar y repartir su información personal de forma segura y preservando su privacidad. Utilizando la ingeniería Blockchain, la persona puede tener un mayor control sobre su información personal, decidiendo quién puede acceder a ella y con qué fin. Estos sistemas descentralizados de identidad personal pueden proporcionar un enfoque más centrado en el usuario y respetuoso con la privacidad para gestionar la información personal. Aunque la promoción en ingeniería transmite la preocupación por los privatizadores de la información, también ofrece la oportunidad de mejorar los privatizadores y la protección. A medida que la IA, el Blockchain y la computación cuántica evolucionan, es imperativo que los corsarios de la información se mantengan a la cabeza de la evolución. Mediante la aplicación de una regulación adecuada, el empleo de tecnología que mejore la privacidad y el empoderamiento de las personas con condiciones de control sobre su información personal, podemos navegar por la complejidad del periodo histórico digital y garantizar que se mantengan los derechos de privacidad de la información al tiempo que se aprovechan los beneficios potenciales de esta tecnología. Sólo mediante un ataque colaborativo y multidisciplinar podremos abordar el reto y la oportunidad que surgen en el contexto lingüístico de los corsarios de la información.

# PARCIALIDAD E IMPARCIALIDAD

La parcialidad y la equidad son cuestiones críticas que deben abordarse cuando se trata de la IA, la cadena de bloques y la informática cuántica. Estas tecnologías tienen potencial para revolucionar diversos sectores, pero también suscitan preocupación por la prolongación de la toma de decisiones sesgada y el resultado injusto. Uno de los principales retos de la IA son los prejuicios integrados en los algoritmos, que pueden dar lugar a prácticas discriminatorias. Los sistemas de IA se entrenan con una gran cantidad de información, y si esta información está sesgada o carece de diversidad, la IA puede tomar decisiones sesgadas sin darse cuenta. Por ejemplo, se ha demostrado que los sistemas de reconocimiento facial cometen más errores al identificar a ciudadanos de color o a mujeres que a trabajadores blancos, lo que pone de manifiesto los prejuicios inherentes a esta tecnología. Es esencial garantizar que la información de preparación utilizada para el algoritmo de IA sea representativa y diversa para evitar que se perpetúen los prejuicios. Del mismo modo, la equidad es una circunstancia crucial cuando se trata del uso de la ingeniería Blockchain. Blockchain, con su naturaleza descentralizada y transparente, tiene el potencial de crear un sistema justo y de confianza. La ejecución de Blockchain en diversos ámbitos también puede tener consecuencias imprevistas. Por ejemplo, en el campo de batalla de las finanzas, el uso de Blockchain para préstamos o pólizas puede excluir inadvertidamente a cierta persona o grupo, lo que llevaría a un resultado injusto. La aceptación de la ingeniería Blockchain requiere la entrada a la red, lo que puede exacerbar aún más la desigualdad existente, ya que la comunidad desfavorecida podría no tener entrada a la subestructura necesaria. Es crucial examinar la deducción potencial de la implantación de Blockchain y asegurarse de que no perpetúa la desigualdad ni empeora la existente. La informática cuántica, aunque todavía se encuentra en su fase inicial de evolución, también suscita preocupación por los prejuicios y la equidad. El ordenador cuántico tiene el potencial de resolver problemas complejos exponencialmente más rápido que el ordenador clásico, lo que podría revolucionar sectores como el hallazgo de dosis, el criptoanálisis y la optimización. El algoritmo utilizado en la informática cuántica puede seguir siendo susceptible de un resultado sesgado o injusto. Al igual que con el ordenador clásico, la información de preparación utilizada para desarrollar el algoritmo cuántico debe examinarse cuidadosamente para garantizar una consecuencia justa e imparcial. La entrada y el uso del recurso informático cuántico deben ser equitativos y cristalinos para evitar la densidad de impotencia o la excomunión de cierto grupo. Abordar los prejuicios y garantizar la equidad en la evolución y despliegue de esta tecnología requiere un ataque multifacético. En primer lugar, debe darse prioridad a la diversidad y la comprensión a la hora de recopilar y conservar conjuntos de datos para entrenar el algoritmo de IA. Garantizar que la información utilizada sea representativa de una población diversa ayudará a evitar que el sesgo se incruste en el sistema de IA. En segundo lugar, la evolución y el despliegue de la IA, la cadena de bloques y la computación cuántica deben implicar una colaboración interdisciplinar y una amplia consideración ética. Deberían desarrollarse y seguirse unas directrices y un modelo éticos para garantizar la equidad y mitigar los prejuicios. Esta directriz debe actualizarse periódicamente para mantenerse al día con la evolución del panorama de la ingeniería de la pintura. La auditabilidad y la capacidad de explicación son cruciales para abordar los prejuicios y garantizar la equidad. Los algoritmos y sistemas cristalinos permiten el examen y la capacidad de respuesta, ayudando a identificar y rectificar los prejuicios. La transparencia inherente a Blockchain puede contribuir a ello al permitir el rastreo y la confirmación de actas. Debe intentarse que el algoritmo de IA sea interpretable, permitiendo al usuario y a las partes interesadas comprender el procedimiento de toma de decisiones e identificar cualquier posible sesgo. La educación y la conciencia pública también desempeñan una función importante en la promoción de la conciencia de los prejuicios y la equidad. Educar a la persona sobre el posible sesgo y la deducción ética de esta tecnología puede ayudar a fomentar un club más informado y comprometido. Es esencial implicar no sólo a los expertos, sino también a diversas partes interesadas, incluidos los responsables políticos, los líderes de las preocupaciones y los representantes de la comunidad de intereses, en el debate en torno a los prejuicios y la equidad. Este ataque inclusivo puede ayudar a identificar posibles prejuicios y garantizar que las decisiones sobre el uso de esta tecnología se tomen de forma colectiva y ética. En la toma de decisiones, abordar los prejuicios y garantizar la equidad en la evolución y el despliegue de la IA, la cadena de bloques y la informática cuántica es una empresa fundamental. Los prejuicios integrados en los algoritmos de IA, las consecuencias imprevistas de la ejecución de la cadena de bloques y los posibles prejuicios en los algoritmos de la informática cuántica suscitan preocupación por los resultados injustos. Para mitigar estos problemas, hay que intentar garantizar la diversidad en la preparación de la información, desarrollar directrices éticas, promover la transparencia y explicar la capacidad, educar a las personas e implicar a las distintas partes interesadas. Si adoptamos estas medidas, podremos aprovechar todo el potencial de esta tecnología y, al mismo tiempo, garantizar la equidad y evitar la prolongación de los prejuicios y las desigualdades.

# AUTONOMÍA Y CONTROL HUMANO

Otro cuidado fundamental respecto a la ejecución de la IA, la ingeniería de Blockchain y la informática cuántica es el número de libertad y la condición de control humano. A medida que esta tecnología avanza, crece el temor de que puedan superar el servicio de inteligencia y la condición de control humanos. Este temor surge de la idea de que, una vez que la IA tenga el poder de pensar y tomar decisiones por sí misma, el mundo ya no podrá ejercer la autorización sobre ella. Esta condición de privación de control plantea varias cuestiones éticas y airea un peligro significativo para el club. Una de las principales preocupaciones asociadas a la libertad de la IA es la pasividad de que pueda conducir a la suplantación del trabajador humano. A medida que los sistemas de IA se vuelvan más eficientes y capaces, podrán superar al mundo en diversos campos, dejando en desuso la mano de obra humana. Esto puede tener amplias deducciones para el mercado laboral, provocando desempleo y desigualdad socioeconómica. La falta de condiciones de control sobre el sistema de IA puede dar lugar a su abuso o uso, lo que podría tener graves consecuencias para el club. Si no se controla el sistema de IA, pueden tomar decisiones que den prioridad a su propio objetivo sobre el bienestar humano, lo que podría tener resultados perjudiciales. El número de condiciones de control humano se vuelve aún más complejo cuando se considera la ingeniería de Blockchain. Aunque Blockchain está diseñada para ser descentralizada y transparente, plantea la cuestión de quién conserva la condición de control en la red. A medida que el sistema Blockchain se generaliza, puede desafiar a instituciones tradicionales como los bancos y el gobierno, redistribuyendo así la impotencia. Aunque esta descentralización puede ser beneficiosa en algunos aspectos, también suscita preocupación sobre la responsabilidad y la inadvertencia reguladora. Sin una condición de control centralizada, se convierte en un reto responsabilizar a una persona o entidad de su acción, lo que puede conducir a una actividad ilegal o poco ética. Así pues, aunque la ingeniería Blockchain tiene el potencial de mejorar la transparencia y la protección, también plantea peligros al alejar el control del gobierno establecido. Con la llegada de la informática cuántica, la pregunta sobre la condición del control se hace aún más pertinente. Los ordenadores cuánticos tienen el potencial de procesar información a una velocidad sin precedentes, superando la capacidad de los ordenadores clásicos. Esta velocidad también suscita preocupación sobre el poder de controlar y predecir el resultado del cálculo cuántico. A diferencia del ordenador clásico, el sistema cuántico se rige por el principio probabilístico, lo que dificulta la determinación del resultado exacto de un cálculo. Esta incertidumbre introduce un nuevo grado de capricho, desafiando la condición de control humano sobre la ingeniería. La inmensa impotencia del ordenador cuántico también supone una amenaza potencial para el sistema criptográfico, que se basa en el problema computacional de cierto problema para garantizar la protección. Si el ordenador cuántico se vuelve lo suficientemente potente como para romper este sistema criptográfico, puede comprometer la unidad de información y comunicación, dificultando el mantenimiento de la condición de control y protección sobre la información sensible. Para abordar esta preocupación, es crucial establecer un modelo y una regulación que garanticen la condición de control humano y la responsabilidad en la evolución y ejecución de esta tecnología. Esto requiere la coacción entre el gobierno, la dirección de la fabricación y las instituciones académicas para desarrollar directrices y normas éticas. La transparencia y la batalla pública son fundamentales para mantener la condición de control humano. Implicando a varias partes interesadas, incluida la población, en el procedimiento de toma de decisiones, podemos garantizar que la evolución y el despliegue de la tecnología de IA, Blockchain y computación cuántica se alinean con el valor y el interés humanos. En la toma de decisiones, el número de libertades y la condición de control humano plantean un reto y un peligro significativos a medida que avanzan los servicios de inteligencia artificial, la ingeniería de Blockchain y la informática cuántica. La suplantación potencial del trabajador humano, la redistribución de la impotencia con la ingeniería Blockchain y las incertidumbres y la amenaza potencial que plantea la computación cuántica suscitan preocupación ética. Es imperativo que establezcamos un modelo regulador y prosigamos un debate multidisciplinar para garantizar que esta tecnología se desarrolle y utilice de un modo que priorice la condición de control humano y la responsabilidad. De este modo, podremos aprovechar las ventajas de esta tecnología al tiempo que mitigamos su peligro potencial. El desarrollo y la rápida evolución de los servicios de inteligencia artificial, Blockchain y computación cuántica han provocado un cambio y una ruptura significativos en diversas industrias y campos. Esta tecnología transformadora tiene el potencial de revolucionar la forma en que vivimos, trabajamos e interactuamos entre nosotros, creando tanto enormes oportunidades como retos fundamentales. La IA artificial se refiere a una máquina o sistema que puede simular el servicio de la inteligencia humana y realizar tareas que normalmente requerirían el servicio de la inteligencia humana, como el reconocimiento de direcciones, la toma de decisiones y la resolución de problemas. En los últimos dos años, la IA ha avanzado notablemente, gracias a los avances en la adquisición de máquinas sencillas y algoritmos de adquisición profunda, así como a la disponibilidad de una gran cantidad de información y potencia informática. Los sistemas impulsados por IA se han desplegado cada vez más en numerosos sectores, como la sanidad, las finanzas, el transporte y el ocio, con el fin de mejorar la eficiencia, la productividad y la atención al usuario. Por ejemplo, un algoritmo de IA puede analizar imágenes médicas para ayudar en el diagnóstico de enfermedades, predecir la tendencia del mercado de inventarios y recomendar mensajes de ocio personalizados basados en las preferencias y el comportamiento de las personas. Blockchain, por otro lado, es un legado digital descentralizado y distribuido que permite la obtención de actas e interacciones transparentes sin necesidad de mediadores. Desarrollada originalmente como la ingeniería que sustenta la criptomoneda Bitcoin, la cadena de bloques ha ganado una importante atención y aceptación más allá del reino de la moneda digital. Sus únicas propiedades, como la inmutabilidad, la transparencia y la descentralización, la hacen adecuada para su aplicación en diversas esferas, como la dirección de concatenación de provisiones, las finanzas, la sanidad y la administración. Por ejemplo, Blockchain puede permitir la trazabilidad y transparencia de las mercancías a lo largo de la concatenación de provisiones, facilitar el aprovisionamiento y el pago transfronterizo eficiente, y mejorar la privacidad y protección del historial médico electrónico. La informática cuántica, un campo de batalla que se centra en aprovechar el principio del mecanismo cuántico para construir ordenadores potentes, alberga la esperanza de resolver problemas complejos que actualmente son intratables para los ordenadores clásicos. En comparación con el punto clásico, que puede representar un 0 o un 1, el punto cuántico o qubits puede representar simultáneamente 0 y 1 debido al principio cuántico de superposición y red. Esta pertenencia permite al ordenador cuántico realizar ciertos cálculos exponencialmente más rápido que el ordenador clásico, revolucionando potencialmente campos como la optimización, el criptoanálisis y el hallazgo de dosis. La informática cuántica está aún en su fase inicial, y es necesario superar importantes retos técnicos y tecnológicos antes de que sea comercialmente viable. A pesar de las características y aplicaciones distintivas de estas tres tecnologías, no son mutuamente excluyentes, y existen sinergias potenciales entre ellas. Por ejemplo, la IA puede aprovechar la impotencia de la computación cuántica para acelerar el cálculo complejo y permitir la preparación de un modelo de IA más exacto y robusto. A su vez, Blockchain puede proporcionar la subestructura necesaria para garantizar la equidad, transparencia y protección del sistema de IA, así como permitir la monetización y comunión de la penetración y el modelo generados por la IA. A la inversa, la computación cuántica puede contribuir a mejorar la protección y la privacidad del sistema Blockchain al romper el protocolo criptográfico tradicional y permitir el diseño de un algoritmo y un protocolo resistentes a la cuántica. La combinación de IA, Blockchain y computación cuántica puede dar lugar potencialmente a aplicaciones y sistemas novedosos que antes eran inimaginables, dando lugar a un nuevo modelo de preocupación y deducción social. A pesar del potencial transformador de esta tecnología, también plantean importantes preocupaciones sociales, éticas y legales. La proliferación de la IA plantea cuestiones relativas a los privatizadores de información, los prejuicios algorítmicos, la responsabilidad y la suplantación de ocupaciones. Del mismo modo, la aceptación del Blockchain plantea retos relacionados con la escalabilidad, la interoperabilidad, la ingestión gratuita de energía y la administración. La llegada de la computación cuántica hace temer la potencialidad de un ataque cuántico al sistema criptográfico actual y la deducción para la ciberseguridad. Es crucial que los responsables políticos, los investigadores y las partes interesadas en la fabricación aborden estos retos en colaboración y desarrollen un modelo, una regulación y unas buenas prácticas adecuados para garantizar la evolución y el despliegue responsables y éticos de la IA, la cadena de bloques y la informática cuántica. En decisión, la evolución y promoción del servicio de inteligencia artificial, Blockchain y computación cuántica tienen el potencial de remodelar nuestro club, sistema económico y vidas en profundo deslizamiento. Estas tecnologías nos permiten abordar problemas complejos, mejorar nuestra capacidad de toma de decisiones y crear nuevas oportunidades de invención y evolución. También plantean retos y peligros significativos que deben abordarse cuidadosamente. Si adoptamos esta tecnología al tiempo que abordamos sus posibles consecuencias negativas, podremos aprovechar todo su potencial para la mejora de la humanidad.

# VII. CONCLUSIÓN

En decisión, la convergencia de IA, Blockchain y computación cuántica encierra un enorme potencial para revolucionar varios sectores del club. La IA, con su poder para procesar una inmensa suma de información, aprender de la forma y tomar decisiones autónomas, ya está avanzando significativamente en campos como la atención sanitaria, las finanzas y el sistema de transporte. La integración de la ingeniería Blockchain, con su acento en la transparencia, la protección y la red descentralizada entre iguales, tiene el potencial de abordar algunos de los retos inherentes a la IA, como la deficiencia de fiabilidad y capacidad de explicación. La llegada de la informática cuántica tiene el potencial de acelerar exponencialmente la capacidad de la IA, ya que el ordenador cuántico puede resolver problemas complejos a una velocidad sin precedentes. Se están desarrollando algoritmos de adquisición de máquinas simples cuánticas para aprovechar la impotencia de la informática cuántica y aumentar aún más las capacidades de la IA. A pesar de la inmensa promesa de esta convergencia, hay varios retos y consideraciones que deben abordarse. En primer lugar, existe una preocupación ética en torno al uso de la IA en diversas aplicaciones. Cuestiones como los corsarios, los prejuicios y la responsabilidad deben abordarse cuidadosamente para garantizar que la IA se utiliza para el bienestar del club y no causa perjuicios. Deben establecerse normativas y directrices que rijan la evolución y el despliegue de los sistemas de IA, garantizando que sean transparentes, responsables y acordes con las normas éticas. En segundo lugar, la integración de Blockchain e IA presenta su propio conjunto de retos. Aunque la ingeniería de la cadena de bloques aborda algunos de los problemas de confianza y protección del sistema de IA, también introduce problemas de escalabilidad y computación. Actualmente, las redes de cadenas de bloques son incapaces de gestionar la inmensa demanda computacional del algoritmo de IA, y es necesario investigar para desarrollar una solución eficaz y segura. La integración de Blockchain e IA requiere una cuidadosa circunstancia de los privatizadores de información. La naturaleza descentralizada de la cadena de bloques puede entrar en conflicto con la regulación de algunos privatizadores, por lo que debe establecerse un mecanismo para conciliar esta cuestión. La integración de la informática cuántica y la IA presenta tanto oportunidades como retos. La informática cuántica tiene el potencial de mejorar exponencialmente la capacidad de la IA al permitir procesar simultáneamente una enorme suma de información. Los algoritmos cuánticos para la adquisición de máquinas simples están aún en su infancia, y se requiere una investigación y evolución significativas para aprovechar plenamente la impotencia de la informática cuántica en la aplicación de la IA. La informática cuántica introduce la preocupación de la protección, ya que tiene el potencial de romper el algoritmo de codificación convencional. Es necesario desarrollar nuevas técnicas y protocolos de codificación para garantizar la protección y la privacidad de la información en el sistema de IA cuántica. En resumen, la convergencia del servicio de inteligencia artificial, el Blockchain y la informática cuántica tiene el potencial de remodelar varios aspectos del club. El poder de la IA para procesar información y tomar decisiones autónomas, combinado con la transparencia y protección de Blockchain, y la impotencia de proceso exponencial de la informática cuántica, puede abrir nuevas fronteras en la atención sanitaria, las finanzas, el sistema de transporte y otros sectores. Es necesario abordar cuidadosamente retos y consideraciones como la preocupación ética, la escalabilidad, la demanda computacional, los privatizadores de información y la protección, para garantizar la integración responsable y beneficiosa de esta tecnología. La colaboración entre los investigadores, los responsables políticos y las partes interesadas en la fabricación es crucial para avanzar en la evolución y el despliegue de la IA, el Blockchain y la informática cuántica, hacia un futuro que aproveche todo su potencial y garantice al mismo tiempo el bienestar y el éxito del club.

# RECAPITULACIÓN DE LOS PRINCIPALES PUNTOS DEBATIDOS

En este intento, hemos explorado los fascinantes campos del servicio de inteligencia artificial, el Blockchain y la informática cuántica. Empezamos proporcionando una visión general de esta tecnología y su golpe potencial en diversas industrias. Hemos hablado de cómo el servicio de inteligencia artificial está revolucionando nuestra forma de trabajar, vivir y transmitir. Desde el vehículo autónomo al asistente virtual, la IA tiene el poder de transformar nuestra vida de una forma que nunca creímos posible. También destacamos la deducción ética asociada a la IA, como la preocupación por los corsarios y la suplantación de determinadas ocupaciones. Pasando al Blockchain, profundizamos en la naturaleza descentralizada de esta ingeniería y su poder para aportar transparencia y protección a diversos sectores, como las finanzas y la dirección de la concatenación de provisiones. Discutimos la concepción de un Leger distribuido y cómo puede mitigar la actividad fraudulenta proporcionando un registro fonográfico inmutable de las actas. Examinamos la función de las criptodivisas en el ecosistema Blockchain, centrándonos en el potencial revolucionario de las divisas digitales como Bitcoin y su poder para perturbar el sistema bancario tradicional. Exploramos el enigmático universo de la informática cuántica. Discutimos el principio del mecanismo cuántico y cómo se aprovecha para crear un potente sistema computacional. Los ordenadores cuánticos tienen el potencial de resolver problemas complejos que actualmente están más allá de la capacidad de los ordenadores clásicos. Desde el hallazgo de dosis hasta el algoritmo de optimización, las posibilidades son infinitas. También reconocimos el reto que supone construir un ordenador cuántico práctico, como la sensibilidad al factor ambiental y la exigencia de rectificación de errores. A lo largo de nuestro tratamiento, hicimos hincapié en la interconexión de esta tecnología y en cómo pueden trabajar en bicicleta-para-dos para ampliar los límites de la invención. Por ejemplo, la inmensa potencia de cálculo del ordenador cuántico puede mejorar la capacidad del algoritmo de IA, permitiendo un pensamiento analítico de la información y una anticipación más sofisticados. La ingeniería Blockchain puede proporcionar la protección y la confianza necesarias para el sistema de IA, garantizando la unidad y la privacidad de la información. También destacamos el peligro potencial y la preocupación asociados a esta tecnología. Por ejemplo, la rápida promoción de la IA plantea interrogantes sobre el futuro del trabajo a destajo y la suplantación de la ocupación. Con algoritmos cada vez más sofisticados, existe una creciente preocupación de que determinadas ocupaciones puedan quedar obsoletas. La agregación y el uso de información personal en el sistema de IA plantean una preocupación ética respecto a los privados y la aceptación. En el contexto lingüístico de Blockchain, existe preocupación en torno a la ingestión gratuita de energía asociada a la excavación de criptodivisas. La naturaleza intensiva en energía del procedimiento ha suscitado un juicio desfavorable debido a su huella C. La naturaleza descentralizada de Blockchain también puede crear desafíos relacionados con la administración y la ordenación, ya que es inherentemente resistente a la condición de control centralizado.

Discutimos el golpe potencial de la informática cuántica sobre la codificación y la ciberseguridad. Aunque los ordenadores cuánticos tienen el potencial de romper los algoritmos de codificación existentes, también ofrecen la oportunidad de desarrollar criptoanálisis resistentes a los cuánticos. Por ello, investigadores y expertos en el campo de batalla trabajan incansablemente para desarrollar una nueva técnica criptográfica que pueda resistir la impotencia del ordenador cuántico. En decisión, el servicio de inteligencia artificial, el Blockchain y la informática cuántica están dando forma al futuro de la ingeniería y tienen el potencial de transformar diversas industrias. Desde el asistente personal con IA hasta la red Blockchain transparente y segura, esta tecnología ofrece oportunidades sin precedentes para la invención y la promoción. Es crucial considerar la deducción ética, el peligro y el reto asociados a su despliegue. A medida que navegamos por la pintura del paisaje en constante evolución de la ingeniería, se hace imperativo encontrar una proporción entre el avance y el deber. Si comprendemos y abordamos estas preocupaciones, podremos aprovechar plenamente la impotencia de la IA, la cadena de bloques y la computación cuántica, al tiempo que garantizamos un futuro seguro y equitativo para todos.

# IMPORTANCIA DE LA INVESTIGACIÓN Y EL DESARROLLO CONTINUADO

En los campos de la IA, la cadena de bloques y la informática cuántica es de suma importancia aprovechar todo el potencial de esta tecnología y abordar sus restricciones inherentes. El rápido avance de la promoción tecnológica exige un comité continuo de investigación y evolución, no sólo para profundizar en nuestra comprensión de esta tecnología, sino también para identificar nuevas aplicaciones y capacidades que puedan beneficiar al club como unidad. En primer lugar, en el campo de batalla de la IA, es necesaria una indagación continua para superar la restricción que actualmente obstaculiza su aceptación generalizada. A pesar de los importantes avances logrados en la IA, sigue habiendo retos que exigen ser abordados. Por ejemplo, el sistema de IA a menudo carece de la capacidad de fundamentar, explicar su decisión y comprender el contexto lingüístico. Invirtiendo en investigación y evolución en IA, podemos esforzarnos por hacer que este sistema sea más explicable, robusto y fiable. Esto no sólo mejorará su aplicación en diversos sectores, como la sanidad y las finanzas, sino que también garantizará que estos sistemas de IA sean responsables, lo que se traducirá en una mayor confianza por parte de la población en general. La investigación y la evolución de la IA pueden permitir la evolución de nuevos algoritmos y técnicas que amplíen los límites de lo que se puede conseguir en la actualidad. A medida que aumentan las necesidades de aplicaciones de IA, también lo hace la demanda de algoritmos y enfoques más sofisticados. Esto requiere una investigación continua en áreas como la adquisición profunda, la adquisición de apoyo y el proceso de comunicación lingüística natural. Refinando y mejorando continuamente este algoritmo, podemos aumentar su eficacia y veracidad, abriendo nuevas posibilidades para la IA en áreas tan diversas como el vehículo autónomo, la especialidad médica personalizada y la anticipación a la alteración del clima. Del mismo modo, la investigación y la evolución continuas en la ingeniería de Blockchain son imprescindibles para comprender plenamente su potencial y abordar su restricción. Blockchain ha ganado atención por su poder para proporcionar actas procuras y transparentes, especialmente en el ámbito financiero. Sigue habiendo preocupación en torno a la escalabilidad, la ingestión gratuita de energía y el desafío normativo. Invirtiendo en investigación y evolución, podemos explorar nuevos mecanismos de consenso, soluciones de escalabilidad y técnicas de preservación de la privacidad que puedan abordar estas restricciones y hacer que la ingeniería de la cadena de bloques sea más práctica y accesible. La investigación y la evolución en Blockchain pueden conducir a la evolución de nuevas aplicaciones más allá del reino de las finanzas. Por ejemplo, Blockchain tiene el potencial de revolucionar la dirección de la concatenación de provisiones proporcionando transparencia y trazabilidad de extremo a extremo. Explorando más a fondo la potencialidad de Blockchain en diversos sectores como la sanidad, la energía libre y la logística, podemos aprovechar sus ventajas para mejorar la eficacia, reducir la imposición y aumentar la confianza en este sector. La investigación en Blockchain también puede contribuir a la evolución de la norma de interoperabilidad, permitiendo que diferentes redes de Blockchain se comuniquen entre sí sin problemas, liberando así todo el potencial de la aplicación descentralizada y fomentando la coacción en toda la industria. La investigación continuada en informática cuántica es crucial para desbloquear su inmenso poder computacional y revolucionar diversos campos. El ordenador cuántico tiene el potencial de resolver problemas complejos que actualmente son intratables para el ordenador clásico. La evolución del ordenador cuántico práctico se encuentra todavía en su infancia, con importantes retos técnicos aún por superar. Invertir en investigación y evolución es esencial para desarrollar una nueva arquitectura de quita, una técnica de rectificación de errores y un algoritmo cuántico. Al hacerlo, podemos mejorar la estabilidad y fiabilidad del ordenador cuántico, allanando el camino para el descubrimiento en áreas como la búsqueda de dosis, los problemas de optimización y la codificación. La investigación en tecnología cuántica también puede explorar la posibilidad de la comunicación cuántica y el criptoanálisis cuántico, que tienen el potencial de proporcionar un canal de comunicación seguro e inviolable. Esto podría tener profundas deducciones para la industria, como la ciberseguridad, las actas financieras y la comunicación con las autoridades, creando nuevas oportunidades y precauciones en un universo cada vez más interconectado. En la decisión, la investigación y la evolución continuas en los campos del servicio de inteligencia artificial, Blockchain y la informática cuántica son necesarias para aprovechar plenamente la potencialidad de esta tecnología y abordar su restricción. Invirtiendo en investigación, podemos mejorar la capacidad del sistema de IA, hacer que el Blockchain sea más práctico y accesible, y desbloquear la inmensa potencia computacional del ordenador cuántico. Esta investigación puede conducir a nuevas aplicaciones y posibilidades en diversas industrias, mejorando la eficacia, la transparencia y la protección. A medida que la ingeniería sigue evolucionando, no se puede subestimar la importancia de la investigación y la evolución continuas para dar forma al futuro de esta tecnología transformadora.

# POTENCIAL DE EFECTOS TRANSFORMADORES EN DIVERSAS INDUSTRIAS

Potencial de efectos personales transformadores en diversas industrias La IA, la ingeniería de cadena de bloques y la computación cuántica han surgido como poderosas herramientas que tienen el potencial de transformar diversas industrias. Esta tecnología está preparada para revolucionar la forma en que trabajamos, transmitimos y nos comportamos, ofreciendo oportunidades sin precedentes y creando nuevos retos. La IA ya ha empezado a irrumpir en sectores como la sanidad, las finanzas y la fabricación. Su poder para realizar tareas complejas con rapidez, veracidad y eficacia tiene el potencial de mejorar la productividad y agilizar las operaciones comerciales. Por ejemplo, en la atención sanitaria, un algoritmo impulsado por IA puede analizar una gran cantidad de información médica para diagnosticar enfermedades, determinar la forma y recomendar un plan de intervención personalizado. Esto no sólo mejora el resultado para el paciente, sino que también reduce la carga de trabajo de los profesionales sanitarios, permitiéndoles centrarse en tareas más críticas. Del mismo modo, en finanzas, la IA puede automatizar procedimientos rutinarios como el servicio religioso al cliente, la detección de impostores y la evaluación de riesgos, permitiendo a las instituciones financieras operar de forma más eficiente y segura. En fabricación, los autómatas y máquinas con IA pueden automatizar la línea de productos, reduciendo costes, aumentando la productividad y mejorando el calibre de la mercancía. Esto no es más que arañar la superficie terrestre del potencial transformador de la IA, y a medida que la ingeniería siga avanzando, su impacto en diversas industrias no hará más que crecer. La ingeniería Blockchain, a menudo asociada con criptomonedas como Bitcoin, tiene el potencial de revolucionar la industria más allá de las finanzas. Ofrece un esquema de mantenimiento de registros descentralizado y transparente, en el que las actas se registran permanentemente en un Leger distribuido. Esto elimina la demanda de mediadores, reduce los costes y proporciona mayor protección y confianza. En sectores como la dirección de concatenación de suministros, Blockchain puede permitir la agilidad y la trazabilidad de extremo a extremo, garantizando la autenticidad de la mercancía y reduciendo la falsificación. También puede aportar transparencia a áreas como el sistema de votación, reduciendo los impostores y mejorando el procedimiento democrático. Los contratos inteligentes basados en Blockchain pueden automatizar la ejecución de acuerdos, reduciendo la demanda de mediadores y garantizando el cumplimiento de las bases. Esto tiene aplicación en campos como la propiedad inmobiliaria, la propiedad intelectual y la logística de concatenación de suministros. A medida que la ingeniería de Blockchain sigue evolucionando y madurando, su potencial de efectos personales transformadores en diversas industrias se hace cada vez más evidente. La informática cuántica, aún en pañales, alberga la esperanza de resolver problemas complejos a una velocidad sin precedentes. A diferencia de la informática clásica, que utiliza el punto para representar la información como 0 o 1, el ordenador cuántico utiliza el punto cuántico IA qubits), que puede representar la información como 0 y 1 simultáneamente. Esto permite al ordenador cuántico procesar una gran cantidad de información de forma analógica, resolviendo potencialmente problemas que actualmente están más allá de la capacidad del ordenador clásico. Un campo en el que la informática cuántica tiene un enorme potencial es el del criptoanálisis. La impotencia de la informática cuántica podría dejar en desuso el algoritmo criptográfico tradicional, haciendo necesaria la evolución de un nuevo método de codificación que pueda resistir el ataque cuántico. La industria que depende en gran medida de la optimización, como la logística y la dirección de carteras financieras, podría beneficiarse de la potencia del ordenador cuántico para analizar rápidamente grandes conjuntos de datos y encontrar la solución óptima. La informática cuántica tiene el potencial de acelerar la búsqueda de dosis, el moldeo molecular y el diseño de materiales mediante la simulación de sistemas e interacciones complejas. Aunque aún se encuentra en su fase inicial, la informática cuántica alberga inmensas esperanzas y podría revolucionar numerosas industrias en el futuro. Aunque la IA, la cadena de bloques y la computación cuántica ofrecen un potencial transformador significativo, también plantean retos que deben abordarse. Las consideraciones éticas que rodean a la IA, como los prejuicios en los algoritmos o el potencial de suplantación de ocupaciones, deben gestionarse cuidadosamente. La protección y la deducción de los privatizadores de Blockchain exigen ser plenamente comprendidas y mitigadas para evitar la vulnerabilidad. La computación cuántica plantea retos en cuanto a escalabilidad, rectificación de errores y garantía de la estabilidad de las transacciones. Abordar estos retos requiere una colaboración interdisciplinar entre investigadores, responsables políticos y directivos de la industria para desarrollar un modelo, una normativa y unas directrices sólidas. En la toma de decisiones, la IA, la cadena de bloques y la computación cuántica tienen el potencial de producir efectos personales transformadores en diversos sectores. Desde mejorar los resultados de la atención sanitaria mediante el diagnóstico potenciado por IA hasta revolucionar la dirección de la concatenación de suministros mediante la transparencia y la trazabilidad posibilitadas por Blockchain, esta tecnología ofrece una oportunidad sin precedentes para la invención. La informática cuántica, aunque aún se encuentra en su fase inicial, alberga la esperanza de resolver problemas antes irresolubles y transformar sectores como el criptoanálisis y la optimización. Para aprovechar plenamente el potencial de esta tecnología y mitigar los retos asociados, es esencial que las partes interesadas colaboren y desarrollen un modelo ético, una regulación y unas directrices que establezcan una proporción entre la invención y el uso responsable. A medida que la industria siga adoptando esta tecnología, es probable que asistamos a un desplazamiento de prototipos que configurará el futuro del trabajo, la comunicación y las preocupaciones. Reflexiones finales sobre la intersección de la IA, la cadena de bloques y la computación cuántica. En decisión, el punto de intersección de la IA, el Blockchain y la informática cuántica presenta un batallón de oportunidades y retos para diversos sectores e industrias. La convergencia de esta tecnología tiene el potencial de revolucionar la forma en que vivimos, trabajamos e interactuamos con el universo circundante. Es importante considerar cuidadosamente la deducción y la consideración ética que acompañan a este ascenso. Ante todo, la combinación de IA y Blockchain tiene el paladar para potenciar y mejorar la tecnología que utilizamos hoy en día. A medida que la IA siga evolucionando y haciéndose más sofisticada, podrá utilizarse para procesar y analizar grandes cantidades de información almacenada en la cadena de bloques. Esto puede conducir a un procedimiento de toma de decisiones más preciso y eficaz, a una mejor protección y a una mayor transparencia en diversos sectores, como la sanidad, las finanzas y la dirección de la concatenación de provisiones. La integración de la IA y el Blockchain puede ayudar a abordar algunos de los retos y preocupaciones existentes asociados a esta tecnología. Por ejemplo, se puede utilizar un algoritmo de IA para detectar y prevenir actividades fraudulentas dentro de la red Blockchain, garantizando la unidad y la integridad de la información almacenada en ella. El uso de un modelo de IA descentralizado puede hacer frente al número de privatizadores de información, al permitir que las personas mantengan el control sobre su información personal sin dejar de beneficiarse de la aplicación de la IA. La combinación de IA y Blockchain puede allanar el camino para la evolución de un sistema autónomo y descentralizado. Con los contratos inteligentes impulsados por la IA y las organizaciones autónomas descentralizadas (DAO), es posible crear contratos y organizaciones autoejecutables que funcionen de forma autónoma sin necesidad de mediadores ni condiciones de control centralizado. Esto puede conducir a una mayor eficacia, transparencia y confianza en diversos sectores como la administración, las finanzas y la dirección de concatenación de provisiones. Por otro lado, la integración de la informática cuántica con la IA y el Blockchain introduce un grado totalmente nuevo de complejidad y potencialidad. La informática cuántica tiene el potencial de aumentar exponencialmente la impotencia computacional, permitiendo el proceso y el pensamiento analítico de problemas complejos que actualmente son inviables para el ordenador clásico. Esto puede mejorar enormemente la capacidad del sistema de IA al permitir una preparación y relación más rápidas, así como resolver problemas de optimización con mayor eficacia. El uso de la informática cuántica también plantea retos y peligros importantes. Una de las principales preocupaciones es la amenaza potencial para la protección de la red Blockchain. El ordenador cuántico tiene el poder de romper el algoritmo criptográfico utilizado para asegurar las actas de la Blockchain, comprometiendo potencialmente la unidad y confidencialidad de la información almacenada en la Blockchain. Es crucial desarrollar y desplegar un método de criptoanálisis post-cuántico para salvaguardar la red Blockchain de los ataques cuánticos. La integración de la computación cuántica con la IA plantea problemas éticos relacionados con los corsarios de información y la equidad. La mayor potencia computacional del ordenador cuántico puede llevar al origen de información sensible de grandes conjuntos de datos, lo que plantea dudas sobre la cobertura protectora de los corsarios de personas. El uso de algoritmos de IA entrenados en ordenadores cuánticos puede dar lugar a sesgos y favoritismos, ya que el conjunto de información cuántica puede contener sesgos inherentes difíciles de detectar y abordar. En decisión, el punto de intersección de la IA, el Blockchain y la computación cuántica alberga grandes esperanzas para el futuro. La combinación de esta tecnología puede conducir a una solución innovadora, una mayor eficiencia y un mejor procedimiento de toma de decisiones en diversos sectores e industrias. Es importante enfocar esta promoción con cautela y abordar la preocupación ética y el desafío que surgen junto con ellas. De este modo, podremos aprovechar todo el potencial de esta tecnología, garantizando al mismo tiempo su uso responsable y ético para la mejora del club.

# BIBLIOGRAFÍA

Boaz Barak. 'Complejidad computacional'. A Modern Approach, Sanjeev Arora, Cambridge University Press, 20/4/2009

Brierley Price Prior Ltd. 'Programa de estudios'. Marco normativo de la contabilidad. Nivel 2, Brierley Price Prior, 1/1/1982

Asociación Americana de Enfermeras. 'Código Deontológico para Enfermeras con Declaraciones Interpretativas'. Nursesbooks.org, 1/1/2001

Harvey E White. 'El Estado de la Administración Pública'. Cuestiones, retos y oportunidades, Donald C Menzel, Routledge, 1/28/2015

Rick Ng. 'Fármacos. Del descubrimiento a la aprobación', John Wiley & Sons, 22/06/2015

Martin Kleppmann. 'Diseñando aplicaciones intensivas en datos'. The Big Ideas Behind Reliable, Scalable, and Maintainable Systems, "O'Reilly Media, Inc.", 16/3/2017

Martin Christopher. 'Logística y Gestión de la Cadena de Suministro'. Pearson, 1/1/2023

T. J. Richmond. 'Criptodivisas'. 3 Libros en 1 - El Nuevo Plan Definitivo Para Ganar Dinero Con Bitcoin, Criptomonedas y Comprender la Tecnología Blockchain, CreateSpace Independent Publishing Platform, 19/12/2017

Robert Muchamore. 'Máxima Seguridad'. Simon and Schuster, 24/4/2012

Tiana Laurence. 'Blockchain para Dummies'. John Wiley & Sons, 4/3/2019

Tiana Laurence. 'Introducción a la tecnología Blockchain'. Las múltiples caras de la tecnología Blockchain en el siglo XXI, Van Haren, 1/1/2019

*Dimitris N. Christodoulakis. 'Procesamiento del Lenguaje Natural' - PNL 2000. Segunda Conferencia Internacional Patras, Grecia, 2-4 de junio de 2000 Actas, Springer, 26/06/2003*

*Saxena, Arti. 'Procesamiento profundo del lenguaje natural y aplicaciones de IA para la Industria 5.0'. Tanwar, Poonam, IGI Global, 25/06/2021*

*Nelson Lasson. 'Historia y desarrollo de la Cuarta Enmienda a la Constitución de los Estados Unidos'. Da Capo Press, 1/21/1970*

*Wolfgang Ertel. 'Introducción a la IA'. Springer, 18/01/2018*

*Felix Weber. 'IA for Business Analytics'. Algoritmos, plataformas y escenarios de aplicación, Springer Fachmedien Wiesbaden, 3/2/2023*

*Marjorie Grene. 'La anatomía del conocimiento'. Ponencias presentadas al Grupo de Estudio sobre los Fundamentos de la Unidad Cultural', Bowdoin College, 1965 y 1966, Routledge & K. Paul, 1/1/1969.*

*Allam Hamdan. 'La Importancia de las Nuevas Tecnologías y el Espíritu Empresarial en el Desarrollo Empresarial: En El Contexto de la Diversidad Económica en los Países en Desarrollo'. El Impacto de las Nuevas Tecnologías y el Espíritu Empresarial en el Desarrollo Empresarial, Bahaaeddin Alareeni, Springer Nature, 3/12/2021*

*Academia Nacional de Ingeniería. 'Fronteras de la Ingeniería'. Informes sobre ingeniería de vanguardia del Simposio de 2018, National Academies Press, 28/2/2019*

*N. Gayathri. Blockchain, 'Big Data y Aprendizaje Automático'. Tendencias y aplicaciones, Neeraj Kumar, CRC Press, 24/09/2020*

*Christoph Lütge. 'Introducción a la ética en robótica e IA'. Christoph Bartneck, Springer Nature, 8/11/2020*

www.ingramcontent.com/pod-product-compliance
Lightning Source LLC
LaVergne TN
LVHW051223050326
832903LV00028B/2226